ドクター・マッチーの

I LOVE ME

もっと自分を愛してあげて

町田 宗鳳

ハート出版

はじめに

あなたが世界で一番好きな人は誰ですか。お父さん？　お母さん？　いや失礼しました。あなたがいつも自慢している恋人にちがいありません。あなたの恋人って、どんな人ですか。きっと素敵な人なんでしょうね。

でも、ちょっと考えてみてください。正直いって、あなたが本当に好きな人って、自分以外にいると思いますか？

自分のことを本当によく理解してくれて、とことん好きになってあげることができるのは、自分だけなのです。

誰よりも自分が大好きだなんて言うと、すごいエゴイストのように聞こえますが、じつはそうではないんです。自分がまず自分を心から愛してあげなきゃ、人をほんとうに愛することもできないと思います。

だって、人より少々出来が悪くても、自分を愛してあげることができるのは、自分しかいないじゃないですか。人は、ああのこうのと、すぐにあなたのことを批判します。

自分のことは棚に置いてでも、他人のこととなれば、ほんの小さな欠点も見逃しません。あなたの弱みにつけこんで、そこをチクリチクリと刺してきます。それが世間というものです。

悪口や陰口で傷ついているあなたを、せめてあなただけは、好きになってあげてください。自分がほんとうに好きなら、他人を押しのけても自分だけがいい目にあおうとすることもありません。そんなヤラシイ自分を、誰も好きになることができないからです。

ですから、自分のことをどんなときにも大好きでいられる人が、エゴイストであったり、わがままな人であったりすることは、まずあり得ないことです。自分が好きであることと、自分中心であることは、まるで水と油のように相容れないものなのです。

ほかならぬ自分自身から愛情を注ぎこまれると、それまで萎《しお》れかかっていた「私」という植物が、元気を取り戻します。やがて芽をふきだし、もう一度、花を咲かせます。自分を好きになってあげれば、自分のいちばんいいところが伸びはじめるのです。

この際、気前よく、自分を丸ごと好きになってあげてください。そうです。丸ごとですから、掃いて捨てるほどもある欠点もぜんぶ含めて、自分のことを好きになるのです。散々、世間に痛めつけられてきた自分への大盤振る舞いです。

世の中、とんでもなく不公平に出来ています。花形のスポーツ選手やタレントのように、すごい脚光を浴びて、しかも一年間に何億円というお金を稼いでいる人もいます。

その反対に、真面目にコツコツと、働けども働けども生活苦から逃れることができずに、使い古された雑巾《ぞうきん》のようになって、死んで行く人もいます。

光り輝くほど健康な人もいれば、生涯、病気に苦しむ人もいます。チビもいれば、ノッポもいます。デブもいれば、骨皮スジエモンもいます。人が振り返るほど美しい顔だちの人もいれば、その反対の人もいます。

とんでもなく不公平な世の中です。なんで全知全能の神さまが、こんな不公平な世界を創造してしまったのか、何かのまちがいではなかろうか、と思わず愚痴をこぼしたくなっても無理もありません。

じつは、わたしも、しょっちゅう、そんな愚痴をこぼしているオジサンの一人です。もう少し強運に生まれついていたなら、こんなにウダツの上がらない人生を歩む必要がなかっただろうに、と侘《わび》しく首をうなだれることがあります。

まあ、そんなときには、ワタシもバカだなあ〜、と自分のバカさ加減を正直に認めて、さっさとつまらない考えを、水洗トイレにでも流してしまってください。

どうせそんなに不公平で、辛い人生なら、何もかも打っちゃって、できるだけ楽しく生きることを考えたほうがいいんじゃないでしょうか。人は人、自分は自分。

世間の風がそんなに冷たいのなら、せめて自分が冷えきっている自分をしっかりと抱き締めて、温めてあげるべきです。自分にまで見放されてしまったら、寒風の中でブルブルと震えている自分が、あまりにかわいそうじゃないですか。

子供のときは学校でイジメがあるかもしれないけれど、大人になっても、職場でイジメを受けることは、結構あるものです。上司だけではありません。同僚や、ときには後輩からだって、ひどい仕打ちを受けることがあります。

人間の世の中って、ほんとに生きにくくできています。

でも、もしかしたら、ひどい仕打ちをして見せている人こそが、人生の先生かもしれません。

人間の生き方にも、イロイロあるよね、というぐらいに思っておけばいいのです。きっと神さまの目から見れば、苦労する人生も、楽する人生も、ぜんぶ完全無欠の世界。

人間の目には不公平に見えていても、神さまの目から見れば、これほど平等な世界はないのです。不公平は人間の錯覚が生み出しているのです。

もう絶望の極みだという、そのどん底のところにまで、あまねく透明な光が差し込んでいるのです。その透明な光が見えないのは、わたしたちが心を閉ざしているためです。

ですから、どれだけ辛くとも、自分をいじめるのは、金輪際《こんりんざい》やめにしてください。それよりも、よく頑張っているねと自分をほめてあげてください。心に柔らかくて、暖かい光が差してきます。あきらめないでください。

第一、誰がほんとうに幸せなのか、外からはまったく分からないものです。幸福に見える人が、じつは物凄く不幸で、不幸に見えている人が、とんでもなく幸せだったということは、しょっちゅうあると思います。

その証拠に、幸せ度を測るモノサシというのは、世界中、捜しても売っていません。人間そっくりの動きをするロボットが開発される現代に、そんな単純な計器ぐらい、そろそろ発明されてもよさそうだと思って、このあいだ、東京の電気店街秋葉原の端から端まで歩いてみたのですが、やはり、そんな製品を売っている店は一軒もありませんでした。

ということは、自分で自分のことを世界一幸せ者だと、心の底から信じた者が勝ちなんです。他人の判定など、ごめん蒙《こうむ》ってください。

どうか今日から、自分のことをもっともっと、好きになってあげてください。そしたら、きっと不思議なことが起きますよ。それが何だか知りたいですか。では、お教えしましょう。

あなたがあなたを好きになった分だけ、まわりの人も、あなたを好きになります。

●もくじ

1 人生という遠足をエンジョイしようよ

よく思うんですけど、人生って、遠足みたいだなあと。だって、学校の勉強は真面目にやらないと、試験で悪い点をとって、先生にとんでもない成績をつけられたりするけれど、遠足となれば、ひたすらエンジョイすればいいのだから。

みんなでバスやら電車に乗って、珍しい景色を見て、おいしい物を食べる。まるで人生じゃないですか。一緒に乗り物に乗っているのは、この世で出会った人ぜんぶ。せっかくの遠足なんですから、どうせならマイクを回しあって、楽しい歌でも歌って過ごしたいものです。

珍しい景色とは、生々流転《るてん》する人生の風景。誰でも、幼年、少年、青年、壮年、中年、中高年、老年と、それぞれの時代に予期もしない展開を体験するものです。

もし、自分が死ぬまでどうなるのか、ぜんぶ見えてしまったら、こんなつまらないことはありません。

おいしい物もたくさんあります。とくに日本には、山海の珍味が溢れていますから、一億総グルメといってもいいぐらいです。でも、ほんとうにおいしいものは、人間の愛情。こればっかりは、食べても食べても食べ飽きるということはありません。

恋人の愛情、家族の愛情、仲間の愛情。遠慮せずに、モリモリと死ぬまで食べ続けましょう。でも、最高の愛情は、あなた自身が自分に振り向ける愛情です。どれだけ魅力的なパートナーがいたとしても、まず自分を愛してあげてください。それでこそ、人を愛するということが、どういうことなのか、よく分かります。

はるばると遠足に来たのですから、思いきりエンジョイしてください。遠足で、ノルマだの、生産性だの、口にするのは、野暮《やぼ》というものです。あえて言うのなら、遠足のノルマは、楽しむこと。それに尽きます。

遠足では、先生の目を盗んで悪さをするのも、楽しいものです。修学旅行の宿泊先で、枕の投げあいをした思い出をもつ人は多いはずですが、ちょっぴり羽目《はめ》を外してこそ、人生の旅は楽しいのです。

わたしは、高校の修学旅行で京都から熊本の阿蘇《あそ》山に行ったのですが、とても滑稽《こっけい》な思い出があります。泊まった旅館で、ワルガキ二、三人が、女の子の部屋を覗《のぞ》くんだといって、勇ましく天井裏に潜り込んで行きました。ところが運悪く、天井板を一枚破ってしまって、先生に御用。もちろん、彼らは翌日、禁足令を食らいました。

やんちゃも、度を越すと神さまにお仕置きを食らいますから、ほどほどにしておいてくださいね。でも、やんちゃのない人生って、退屈じゃありませんか。人の心を傷つけるやんちゃは反対ですが、みんなが愉快になるやんちゃなら、大歓迎。

わたしは以前から、ホンダ技研の創立者である本田宗一郎氏を尊敬しているのですが、あの人は亡くなるまで、やんちゃ坊主を貫いたようです。仕事に対する情熱も並々ならぬものがあったわけですが、その遊びぶりも、相当徹底したものであったと、数々の武勇伝が伝わっています。ホンダの独創的なクルマ作りは、彼のやんちゃな気性から始ったと言ってもいいぐらいです。

生命力の盛んな人間が、いつもおとなしくできるはずがありません。思春期には、あちこちにニキビが吹き出て若者は悩むものですが、やんちゃは心のニキビみたいなものです。

あまり世の中の決まりごとにとらわれずに、思う存分、生きたいものです。わたしもどちらかといえば、自分の好き勝手に生きてきたほうですが、まだまだ、やんちゃぶりが足りないと反省しております。

ですから、これから老いにめがけて、やんちゃ人生を生きるのが、わたしの密かな夢なのです。読者の中には、若い人も、お年を召した方もあるかと思いますが、どうぞそれぞれに、やんちゃ人生を生き抜いてください。

2 たまには自分にご褒美を

それにしても、いろいろと辛いことがあるこの世の中で、みんなよく頑張っているると思います。ときには、「死にたい！」と思うほど、辛い目にも遭っているはずなのに、よくぞ死なずに生きています。

そんな頑張っている自分に、「ありがとう！」と言って、たまにはご褒美をあげましょう。月に一度、高級レストランで食事をするとか、五つ星ホテルに泊まるとか、そういう遊び心が大事です。

そんな都会派じゃない人は、月に一度のハイキングでもいいです。わたしは『山の霊力』（講談社選書メチエ）という本の中で、マイ・マウンテン捜しを勧めています。自分だけの癒しの場としての山を見つけて、ときどきはそこに足を運び、エネルギーを充電してくるとよいと思います。

別に高い山でなくてもいいのです。そこへ行けば、なんとなくホッとする山、それがあなたの相性に合った山だと思います。

なんでも自分がいちばん喜ぶことを見つけてあげて、少しばかり貯金が減ることになってもいいですから、気前よく振る舞ってあげるのです。そういうふうに自分を、たまにはお客さんのように扱ってみるのも、気分転換にいいものです。

わたしの場合は、週末を利用して、短い旅に出ます。研究のためでも、講演のためでもなく、わたしの楽しみのために旅をするのです。あまり人の行かないところへ、季節外れに出かけるのが得意です。

それと、誰とのつき合いでもなく、ひとりでぶらりと立ち寄る串揚げ屋さんが、都内にあります。その店は、もう二十五年も続いているそうだから、正直な商いをしてこられたのでしょう。

一本一本の串揚げに、とても心がこもっていて、食べると幸せな気分になってきます。どちらかといえば油物の苦手なわたしがそういうのですから、天下一品の串揚げです。

そこには、よほど気のおけない友人しか連れていきません。他人には知られない逃げ場所、隠れ場所をもっていることも、自分の癒しに大事なことかもしれません。

仕事場の外でも、日本人はどうも同じようなことを志向する傾向があります。同じような行楽地に行って、同じような遊び方をする。キャンプですら、同じようなクルマに乗ってきて、同じようなテントを張っている。そしてどこもいつも混雑している。

そうじゃなくて、自分がほんとうに解放される自分流の遊び方を見つけてください。毎日のように会社から与えられたマニュアルに苦しめられているはずなのに、遊びまで他人が作ったマニュアルどおりに行動するなんて、まるでナンセンスです。月曜日から金曜日までマジメ人間をやっているのなら、なおさらです。せめて週末には、非マジメを実行してください。くれぐれも自分へのご褒美は、自分がいちばん喜ぶ方法を考えてあげてください。

有名な観光地を訪れて、その陳腐さにがっかりすることがあるものですが、じつはその近くに、観光客が足を運ぶことはないけれど、とっても面白い場所があったりするものです。それと同じで、人が無関心でも自分にとっては、飛び上がるほど面白いことをもっていると、人生が何倍も豊かになります。

愚痴っても人生、笑っても人生。自分の人生の演出家は自分自身であることを忘れないでください。

3 他人を羨《うらや》むのは自分に対する冒涜《ぼうとく》です

人生の勝負というのは、棺桶に納まるまで分からないものです。若くして立身出世しても、晩年、うら寂しい生活を送る人もたくさんいます。

肩で風を切っていた国会議員や大企業の重役だった人が、ちょっとした躓《つまず》きをきっかけに、急転直下、刑務所にたどり着くこともよくあることです。本人には、夢想だにもしなかった顛末《てんまつ》でしょう。

反対に、立身出世などとはまったく無縁の世界で、ひっそりと生きてきたとしても、「ほんとうに幸せだった」と感謝の気持ちに満ちあふれ、この世を静かに去っていく人もいます。

世の表舞台で派手な衣装をまとって踊り回るような人生と、舞台裏でこっそりと人を支えるような人生の間に、優劣はないのです。それぞれが、いわば天職なのですから、一方が他方を羨む必要もありません。どれだけ偶然に選んだと思っている職業であっても、そこには、それなりに運命の力が働いているものです。

波乱万丈もよし、平穏無事もよし。どちらの道を歩むことになっても、死に際に「ありがとう！　楽しかったア」と言えれば、それこそ最高の生きざまであり、死にざまじゃないでしょうか。

有終の美といいますが、何事も終わりが大切です。周囲の人に嫌われたり、馬鹿にされても、自分を大好きでいられる人は、きっと最後に笑う人です。自分にさえ諦められてしまった自分は惨めだけど、自分に愛され続ける自分は、打たれ強いのです。

自分を愛し続けるうちに、いつしか人にも、地球にも愛されている自分に気がつくでしょう。

背が低くても、デブでも、頭が悪くても、ぜ～んぶよし。そのままの自分を大好きになってあげてください。これだけ大変な世の中を生きているんだから、せめて自分が自分を好きになってあげなくちゃ、自分がかわいそうじゃありませんか。

物心ついてから、ずーっと自分のことをあまり好きになれないでいるとしたら、やっぱりこのへんでハンドルを切りかえる必要があります。でないと、自分が気の毒です。

それで、自分嫌いの悪いクセを直すために、どうすればいいのかと申しますと、とっておきのマジナイがあります。それは、

「I　LOVE　ME！」

という呪文を繰り返すことです。道を歩いていても、クルマを運転していても、台所に立っていても、気がついたら、いつでも「I　LOVE　ME！」。

これで決まりです。

これを唱えるだけで、気分がすーっと楽になります。

落ち込んでいる人は、今日から実践です。自分が大好きになれたら、きっと他人も好きになれるから。今までなんだか虫が好かないと思っていた人だって、好きになれるかもしれません。

人間には、それぞれ考え方のクセがあります。何があってもくよくよせずに、明るく受け止めようとするクセがあるなら、しめたものです。何事にも感謝のできるクセをもっている人は、もっと幸せです。

でも世の中、そんなにプラス思考の人ばかりじゃありません。ちょっとしたことで傷ついて、沈みこんだり、他人を恨《うら》んだりする人もいます。何を隠そう、わたしも、その一人。なかなか人の心って大変です。

だから、心にアイロンをかけて、心の皺をとる必要があるのです。とくに長い間、変な皺グセをつけていた人は、皺を伸ばすのに時間がかかります。

でも、せっせと「I　LOVE　ME！」という呪文を唱え続けていると、自然にその心の皺がとれていくから、安心してください。棺桶に入るときに笑えばいいわけですから、焦ることはありません。

4 ウサギはウサギ、カメはカメ

不幸の始まりは、「比べる」ことです。自分と他人を比べてみれば、学歴、収入、知名度、才能、健康状態、家庭生活など、すべての面において、自分よりはるかに恵まれている人もいれば、反対に恵まれていない人もいます。比較にキリはありません。

自分は人よりランクが上だと思って自己満足できる人は、お目出度《めでた》いながらも、結構なことです。ただ、自分よりランクが下に見える人を馬鹿にしないように気をつけてください。おろそかにしてよい人など、どこにもいないのです。

でも、自分は人よりランクが下だとひがみこんでしまった人は、ちょっと問題です。自分の心の中に、悪魔が付け入るスキを作ってしまったようなものです。その証拠に、多くの犯罪が嫉妬《しっと》心、つまりヤッカミに端を発しています。

外から見える状況を比較して、人生の幸福度を測るのは、ナンセンスです。金持ちよりも貧乏人が、健常者よりも病人が、不幸と考えるわけにはいきません。幸福を測るモノサシはありません。

生き甲斐《がい》の在りかは、本人がいちばんよく知っています。人に自分の心の中にまで、土足で踏み込ませることはありません。この民主主義の世の中に、自分の心まで人の奴隷にしてしまうなんて、愚かな話です。「ワタシ」が主人公なのですから、自分のことは自分で決めればいいのです。

イソップ童話に、ウサギとカメの話があって、足の速いウサギが油断してしまい、居眠りしているあいだに、足が遅くても勤勉なカメが追い越すことになっています。

へそ曲がりのわたしは、あの話があまり好きじゃありません。なぜ、カメがウサギに勝つ必要があるのでしょう。ウサギもカメも、ひたすらマイペースでいいと思います。

誰だって走り続けられるものではありません。人生は、人より速く走れば、どこかでそのぶん休まなくてはならないようにできているのです。ウサギは怠けて休んだのではなく、疲れたから休んだのです。

もし全速力で走り続けるウサギが、少しも休まなければ、わたしはそっちのほうが心配です。そのウサギは、遠からず心筋梗塞か脳卒中で死ぬでしょう。

足の遅いカメだって、まさかずっと歩き続けるわけにもいきません。カメはのんびりしていますから、足が遅い上に、ウサギよりも、しょっちゅう長い昼寝をするかもしれません。そうすれば、ウサギとカメの距離はますます開くばっかりです。

それでいいのです。ウサギとカメに同じゴールを設定するのが、おかしいのです。そもそも、人生のゴールなんかどこにもないのです。今日一日を感謝して、楽しく生きている人が、勝ちです。勝負は、もう決まったようなものです。

自分がウサギ人間なのか、カメ人間なのか、早々に見極めて、マイペースで行くのが、いちばん賢い生き方だと思います。

ウサギ人間は、速い足を神様に与えてもらったことを感謝して、ときどき道草しながら、山を駆け巡ってください。

カメ人間には、ウサギ人間の足が速すぎて、その姿すら見えないかもしれません。ですが、カメはカメの歩みを続けるだけでいいのです。今日も昼寝をしながら。

みんな幸せになってください。念のため、もう一度言っておきますが、ウサギがカメになろうとしたり、カメがウサギになろうとしては、いけないのです。そもそも、そんなことはできない話です。

ダーウィンの『進化論』にも、ウサギがカメになったり、カメがウサギになったりすることもあるとは書かれていません。みんなマイペースで、自分だけのゴールに到達すればいいのです。

昔は男だったら、「末は大臣か、博士か」と、あたかも大臣か博士になるのが人生の成功のような表現がありましたが、今はそういうお仕着せの価値観がすっかり意味を失ってしまいました。それほど男も女も、自由を与えられているのです。なんという楽しい時代に生きているのでしょうか。

ちょっとばかり不況が続いたからといって、現代を暗い時代のように考えるのは、まちがっています。今ほどナンデモアリの自由な時代はないのです。ですから、どうぞ他人に気兼ねなどせずに、自分らしく生きてくださいますように。

5 あなたも究極の恋をしませんか

ところで、今あなたは恋をしていませんか。きっとそうでしょう。だって、このごろのあなたは、不思議に輝いていますよ。恋の力って、凄いものがありますねえ。たとえ今は恋をしていなくても、チョコレートのように甘くほろ苦い恋の想い出が、誰にでもあるものです。わたしは中学校二年生のときに、とても美しい少女に恋をしました。今でも覚えていますが、教室で見た彼女は、確かに光り輝いていました。

でも、じつにアンラッキーなことに、そのときすでにわたしはお坊さんになっており、頭を丸めてしまっていたので、声もかけずに、忍ぶ恋で終わりました。せめて、一度ぐらいはデートに誘ってみたかったのですが、たぶん誘っても断られていたでしょう。

そういうわたしが恋愛について語るのも、おかしな話ですが、恋は身を切るほどに辛いときもあります。自分の想いが伝わらない、伝わっても相手にされない。あれほど深い愛を交わしたはずだのに、素っ気なく裏切られてしまった。

ああ、なんであんな薄情な人間を好きになってしまったのだろう。こんな切ない想いをするぐらいなら、初めから恋なんてしないほうがよかったと感じるものです。『源氏物語』の六条御息所《みやすどころ》も、『娘道成寺《むすめどうじょうじ》』の清姫《きよひめ》も、熱い恋心を人を呪い殺すほどの怨念《おんねん》に変えてしまいました。昔から恋の怨《うら》みは、底なしに深いものと相場が決まっています。

でもね、異性を恋する以前に、ぜひもう一人好きになってほしい人がいるのです。その人のお名前は、ジブン。

この恋人ばかりは、否《いや》が応でも、一生付き合っていかなくてはならない相手です。別れたくても、別れられない相手ですから、どうせなら思いきり好きになってあげたほうがいいのです。中途半端ではいけません。

自分に恋するといえば、それは結局、「自惚《うぬぼ》れ」のことじゃないですかと言われそうですが、そんな浮ついた気持ちで自分に惚《ほ》れ込んではダメです。自分の欠点も弱さも知り尽くした上で、まるごと好きになるのです。

浮気な彼や彼女とちがって、こちらの恋人は、どれだけ一途な愛を降り注いでも、決して自分を裏切りません。むしろ、好きになってあげればあげるほど、あなたの愛に報いてくれます。報われる愛の名前は、ジシン。

自信に満ちたあなたは、周囲の人からも愛されるようになるでしょう。今付き合っている恋人も、そんなあなたに惚れなおすことまちがいなしです。

自分という恋人を寂しくさせないために、ときどき「I LOVE ME!」と大きな声で叫んであげてみてください。それがわたしのいう、究極の恋なのです。

いくらあなたの周りの人が、あなたのことをつまらない人間のように言ったとしても、あなたまでが自分のことをつまらないなんて、思っちゃダメです。

もし誰かが、あなたに向かって「世界一大嫌い！」と叫んだとしたら、じゃあ今度はその弾みで、せめてあなたは自分に向かって、「世界一大好き！」と言ってあげてください。

あなたは、ほんとうは愛されているのです。自分を愛してあげないから、他人にも冷たくされるのです。お願いですから、自分は惨《みじ》めだなんて落ち込まずに、思いきり熱い愛情を自分に降り注いであげてください。
I　LOVE　ME！　I　LOVE　YOU！　いい言葉ですねえ。

6　人生の修羅場は走り抜けよう

ときどき自殺したくなったりする人がいたなら、ちょっとばかり、実行するのを待ってください。あなたは、ひょっとして自分で自分のことをいじめたり、他人と比較したりしすぎていませんか。

世の中って、ほんとうに辛いことが多いものです。もうクタクタ。いい加減にせんかい！　と叫びたくなったとしても、無理ありません。この世に生まれ落ちてから、べつに自分がそんな悪事を働いたつもりはないのに、なんだか自分だけが貧乏クジばかり引いているような気がする。そんなふうに感じることは、誰にでもあるものです。

他人は栄誉やら高収入やらに恵まれている上に、家庭生活まで幸せそうだ。その点、真面目に働く自分は馬鹿を見るばかりで、つくづくツイテいない。そんなふうに思って、うつむき加減に生きてはいませんか。

こんなにしんどい人生なら、もうオサラバって言いたくなっても仕方ありません。誰だって、一度や二度は、死にたいと思うものです。

そんな馬鹿げたことなんか考えたこともないという人もいるだろうけど、どちらかと言えば、自殺願望をもったことのある人のほうが、人間として偉いのかもしれません。それだけ大変な試練を真正面から受け止めて生きてきたわけですから。

でも、やっぱり死んじゃダメです。死ぬときは、交通事故でも心臓発作でも、あっという間に死ねるんだから、死ぬのはもう少し待ってください。死ぬときは、死にたくなくても死ねます。百パーセント保証します。なんなら賭けてもいいです。

だって、世の中には死ぬほど苦しい病気と闘いながら、一日でも生きながらえたいと思っている人がいっぱいいるのです。なのに、五体満足な人間が死を希望するのは、ぜいたくというものじゃありませんか。

人間がやってはならないことは、〈いのち〉の尊厳に触れることです。神から与えられた〈いのち〉には過不足がないのです。呪いたいような運命を抱え込んでいたとしても、あなたの存在は完全無欠な〈いのち〉そのものなのです。

運命の向こう側に潜んでいる完全な〈いのち〉を発掘してくることに、人間の使命があると思います。宝物には、地表の近くに埋められているものと、地中奥深く埋められているものがあります。

たくさん土を掘り返さなければいけない人は、ちょっと大変な運命を背負っている人です。自殺することは、あまりのしんどさに、穴掘りを中途で諦めて、大事な宝物を見捨てるようなものです。

しかし、考えてみてください。デカイ宝石ほど、地面より奥深く埋められているのです。逆境の運命に負けずに、山ほどの土を掘り返して発見した宝石は、誰のよりも大きいはずです。絶望と希望は紙一重です。その紙一重のところで、諦めないでください。生きてこその人生です。

わたしは以前から、人生の修羅場は避けて通るのではなくて、走り抜けるのがいちばんだと考えています。山伏が火渡りをするように、気合いを入れて、一気に駆け抜けるのです。そのようにして、われわれは強くなっていくのです。誰も初めから強い人間はいません。

ですが、いつまでも弱い人間でいるのは、自分の責任です。自分に与えられている本来の力を信じて、どんな困難でも吹き飛ばせるような、こころの筋肉マン、筋肉ウーマンになっていかなくてはなりません。

それでも、どうしても死にたいというなら、無理には引き止めません。あなたが自分の人生の主人公なんだから、生きるか死ぬか、自分で決めればよいことです。でもその時は、死ぬ前に近くの病院に行って、重い病気で苦しんでいる人に心臓やら肝臓やら腎臓をあげてから、死んでください。このごろの医学は進んでいるから、あなたの体の隅から隅まで、再利用してくれます。

ただ、どうせ死ぬんだから、まさか謝礼など貰わないでください。そして、そんな悲観的な考え方をする脳みそだけは、誰にもあげずに、ぜひ粉々にして廃棄処分にしてもらってください。

死ぬほど苦しかったら、死んだつもりで生きる。今まで不幸だった分、貧乏クジを引いた分、長生きして幸福を取り返さなくては、割があいません。今、試されているのです。今こそチャンスの時です。苦しさの裏には、必ず幸せがあります。

世界一雨の多いジャングルでさえ、年中とか一日中とか、雨が降っているわけじゃありません。バケツをひっくり返したような雨の後には、ものすごく色あざやかな虹がかかるものです。熱帯に暮らしていたこともあるわたしは、原色が重なりあった見事な虹を何度も見たことがあります。

今は土砂降りの雨でも、大丈夫。後はきっと晴れますから、バナナの葉っぱでも頭からかぶって、ほんのしばらくの間、待っていてください。

7 悪口は貧乏神を招くんです

ところで、人間にとって、最大の不幸が何だかご存じですか。それは、人を貶《おとし》めることです。世の中には、いろいろと罪なことはありますが、いちばんいけないことは、人を躓《つまず》かせることです。

性格の善し悪しは別として、誰でも人間としての尊厳をもって生きる資格があるはずです。悪しきを裁くのは、神さまです。神の存在が信じられない人には、天の摂理といってもよいでしょう。

あなたが人を裁き、その人を貶めるような行為に出てはいけません。その否定的な思いが、必ず自分に戻ってくるからです。嫌な人がいれば、その人から静かに離れることです。濁った魂は、しばしば人の親切を逆恨みすることもありますから。その人の魂が向上することを祈って、遠くから眺めていればよいと思います。まちがっても、自分がその人に裁きを下す必要はありません。

人を幸せに導くのが最高の幸福だとしたら、人を不幸せにするのは、最大の不幸です。自分の魂を磨くという至上目的があるのに、人を貶めるために奔走《ほんそう》するというのは、じつに馬鹿げた話です。

嫉妬心もそうです。怒り狂った嫉妬の炎は、相手じゃなくて、あなたの魂を焼きつくします。バカな相手のことは、一刻も早く忘れ去る。神さまが、ちゃーんと決着を付けてくださいますから、安心していてください。

人の悪口を言うのが、大好きな人がいます。ダンナさんの悪口、上司や同僚の悪口、政治家はじめ世間全般の悪口。きりがありません。横で聞いていると、こちらの心までが寒くなってきます。

悪口が好きな人は、人間だけでは物足りなくて、ペットやお天気にまで、悪口を言います。晴れたら暑い、雨が降ったらうっとうしい、と言います。たぶん、そんな人は、寝言でも誰かの悪口を言っているにちがいありません。そして、自分を誉めることも知らないはずです。

でも悪口を言った分だけ、幸運が逃げていくと思ってください。それが宇宙の法則なのです。反対に、人を誉めることが大好きな人は、いつも福の神を背負って、生きているようなものです。

だいたい、人を誉めるときは、大げさな褒《ほ》め方をしなくてもいいのです。「あなたが入れてくれたコーヒー、とびきりおいしいね」、「そのスカーフ、とってもカッコいいじゃん。な〜んか、あなたって、いつもセンスあるよね」といった調子。

わたしなんか、いつも女の人に「あっ、かわいいお尻!」といって褒めてあげたいのですが、こういうことを言うと、セクハラ教師として明日にも大学の教壇に立てなくなるので、残念なことに、せっかくの褒め言葉も使えないでいます。

褒める必殺技は、家族を褒めること。かかわりの少ない他人は褒めやすいのですが、毎日、顔を合わせている家族には、なかなか褒め言葉が出てきません。これは、いけません。家族を褒めた分だけ、あなたの家庭に、七福神が手に手をたずさえてやってくると思ってください。

家族が悪口を言い合っているような家庭は、貧乏神大集合の号令をかけているようなものですから、気をつけてください。どれだけ銀行にお金をためても、ぜ～んぶなくなってしまいますから、悪口は経済学的にも、決してオススメではありません。

ちなみに、自分が人から貶められる目に遭った人は、そのような出来事を招いてしまった自分の心持ちを反省するべきでしょう。不用意な言動で、人の恨みを買うようなことがなかったのか、あるいは、自分に傲慢《ごうまん》さがなかったのか。

反省は、自分を責めることとは違います。反省は、さっさとしてしまって、あとはいつまでも自分を苛《さいな》むようなことはすべきでないでしょう。相手を許し、また自分も許す。そこに、こだわりなき心の自由が生まれてきます。

心は青空のように空っぽにしておくのが、幸せ術のコツです。

8 ときには甘えるのも大切です

フェミニストを自認する女性によくあることですが、あまりにしっかりした人間は、ちょっと困り者です。自意識が強すぎて、人間らしい甘えの感情を抑え込んでしまっているからです。自分の弱さを否定する人間ほど、もろい存在はありません。なんでも自分ひとりの力でできる。人に頼らなくても、自分は大丈夫。そういうしっかりとした気持ちをもっていることは、自立した人間として立派なものです。ですが、行き過ぎは禁物です。

お互いに適度な甘えを許しあう状態が、人間関係として、いちばん心地よいものだと思います。長くいい関係を保っている夫婦というのは、甘え加減をよく知っているカップルのことです。

しかし、甘えの勘違いもあります。とくに「メシ、フロ、寝る」を当たり前に思っている日本の亭主は、箸にも棒にもかからないぐらい、奥さんに寄り掛かりすぎです。満員電車でも、奥さんに席を譲らなかったり、重い荷物を奥さんに持たせたままのダンナが多すぎます。日本男児の恥です。

そうではなく、もっと賢い甘え方をしてください。賢い甘え方とは、人間関係を豊かに、そして一層深いものにするような甘え方のことです。ちょっと飛躍した発想かもしれませんが、健全な甘えの実践は、離婚も減らしてくれるでしょう。

感情を抑えすぎないこと、
感情を出しすぎないこと、
中庸《ちゅうよう》を守ること、
この三つが飛躍の要素である。(『荘子』)

へんに遠慮することはありません。嬉しいときも、悲しいときも、自分の感情を素直に出せばいいのです。そういう甘えは、夫婦間だけでなく、職場や学校に潤いをもたらします。

精神科医の土居健郎《たけお》さんが『「甘え」の構造』という本を出してから、日本人社会の基盤に「甘え」があることが、よく知られるようになりました。いわゆるナアナア主義というのも、甘えの一断面です。

ところが、わたしが観察するかぎり、現代日本は社会構造的には過剰な甘えがあるものの、人間感情としての「甘え」が、あまり許容される社会ではなさそうです。

親戚付き合い、ご近所付き合いが、ずいぶん水臭いものになって、ギスギスとしたものになってきました。わたしは東京に住んで三年あまりになるのですが、同じ団地の人たちと、ほとんど会話を交わしたことがありません。個人主義社会といわれているアメリカでも、こんなことは、まずありません。

日本は、何かがヘンです。家庭の内でも外でも、お互いにそう気安く声すらかけられなくなりました。孤独な魂がどんどん増えて、犯罪や自殺の急増を招いているのです。

だから「甘え」といっても、決してバカにならないのです。現代社会の死活問題にかかわっています。ですから、みなさん、日本のために、もっと頑張って、彼や彼女に甘えましょう。

9 ときには「不幸」という仮面をかぶってやってくる幸福

幸福の青い鳥を求めて走り回っているうちは、なかなか幸福が見つかりません。幸福というのは、どうやら向こうからやってくるものらしいのです。自分で求めて手に入る幸福なんて、ちっぽけなものではないでしょうか。本物のデカ～ンと大きな幸福は、なんだかいつも向こうから届けられるような気がします。それは連戦連敗のわたしが、身をもって体験してきたことです。

しかも幸福が、それらしい姿でやってくるとは限りません。ときには、不幸の仮面をかぶっているかもしれないのです。われわれは望ましからぬ出来事を経験すると、不幸がやってきたと動転してしまいがちですが、ひょっとしたら、その恐ろしい形相の中に、とんでもない宝物が隠されているかもしれないのです。

秋田県の祭りに登場するナマハゲは、口の裂けた鬼のような顔をして、大きな包丁を振り回してやってきます。そのあまりにも恐ろしげな風体に、子どもたちは思わず泣き出すほどです。

でもナマハゲの正体は、人里に幸せをもたらす福の神です。それを正しく迎え入れさえすれば、危害を与えることなく、やがてくる豊かな実りを約束して去って行きます。

『いつか君に　ダウン症児・愛と死の記録』（三一書房）の著者・朝野富三さんから、直接お話を伺ったことがあります。夫婦で出産を楽しみにしていたお子さんが、ダウン症だったのです。そして、しばらくしてから判明したことですが、りさ子さんという名前のその女の子は、ダウン症であるばかりでなく、重い心臓病も抱えていました。それから二歳のときに、ふとした事故で、大きな火傷もおってしまいます。

それから、ご夫婦の筆舌に尽くしがたい苦労が始まるのですが、当時、朝野さんは新聞社の社会部長という激務にありながら、りさ子さんのために必死の看病をされます。生命が危ない状況にあったので、手術につぐ手術となりますが、親としてはまるで針のむしろに座らされる思いだったでしょう。

りさ子さんは、結局、二歳数カ月で天に召されていくわけですが、朝野さんご夫婦は、りさ子さんの誕生を後悔するどころか、天使が舞い降りてくれたと感じておられます。

りさ子さんという何重にも障害をもつ子どもを授かることによって、〈いのち〉の尊さ、弱者の気持ち、医療の在り方などについて理解を深め、いくつもの得難い宝物を授かっておられます。

朝野さんが、ふつうのジャーナリストとはひと味違う人間味をもっておられるのも、しばらく天から舞い降りて、大切なメッセージを残して去っていかれたりさ子さんのおかげだと思います。

人間誰しも、できることなら味わいたくない試練を課せられるものですが、それを不幸のままに終わらせずに、幸福に転じていく勇気が大切だと思います。

10 病に苦しむ皆さんへ

われわれは、与えられた〈いのち〉を生きています。奇妙な言い方ですが、その〈いのち〉が宿る肉体は、自分のものであるようで、自分のものではないのです。肉体に宿る〈いのち〉を、どういう形でも全うする責任があると思います。

いってみれば神さまから、ほんの短い間、預けられた借り物である〈いのち〉をなるべく大切にして、できれば、それに一層磨きをかけて、ふたたび神さまの手に返す必要があると思います。

わたしは子供のときは体が弱かったのですが、今までのところ、入院経験すら持たずに、元気にやってこれました。今も健康に人一倍気を遣うのは、子供のとき軟弱だったおかげかもしれません。

そんなわたしが、病気で苦しむ人に忠告めいたことを口にするわけにはいきません。ですが、せめてお願いぐらいはさせてください。

病気でも幸せになってください。絶望しないでください。どんな辛い難病だって、そのうちに素晴らしい薬や治療法が見つかるかもしれません。そして、それがどれだけ苦しい病であったとしても、あなたの近くにいる人の幸せを願ってあげてください。そこに、人間としてのいちばん尊い姿があります。

わたしの知人の奥さまは、もう十年以上も多発性硬化症という難病で寝込んでおられます。自分で寝返りも打てず、全身はむくんだままで、少しばかり手で擦っても痛むようです。そういうたいへんな状態の奥さまを、わたしの知人とその家族が一丸となって看病しています。

彼は自分の会社を経営しているので、非常に忙しい立場にあるのですが、出勤前と週末は奥さんのお世話に集中しています。そして、奥さんも苦しみの中から、つねに家族のことを思っています。

家族が一体になって奥さまを支えている姿には、頭が下がると同時に、その家庭の中心に病人の奥さんがおられるという事実が、どうしても不幸なことだとは思えないのです。

病気はたしかに大きな障害ですが、その障害を包み込んでしまう大きな愛情の花が、この家庭には香り高く咲いています。きっと奥さんの病める体にも、その愛情が最高の治療薬となって、染み込んでいるはずです。

病気を不幸にするかどうかは、それを受け止める側の問題です。容易なことではないでしょうが、病気を幸せのタネにすることも不可能ではないと思います。

でも、全身が痛くて仕方ないのに、幸せになれっていうのは、無理な注文かもしれません。誰だって、痛みは一刻でも早く消え去ってほしいものです。だけど、それでも死に急がないでください。

それにしても、神さまはなぜ、人間に痛みを与えたのでしょうか。まさか、天罰なんかじゃないと思います。人間には神の心がぜんぶ理解できるわけではありませんから、その痛みにも何か深い意味があるのでしょう。

ほんとうのことを言えば、わたしは尊厳死賛成論者なのです。あまりにも辛い痛みをただ耐えなさいというのは、健康な人間の傲慢《ごうまん》にちがいありません。激しい病苦の中で、みずから死を選ぶ道も開かれていてよいように思います。

でも、せっかくこの世に生まれてきたのだから、生きていることの意味を考える時間にしてください。神さまが預けた大切な身体を痛めてまでも教えようとするまごころを感じてください。健康な人間には、とうてい巡り合わすことのない貴重な気づきがあると思います。

11 涙は〈いのち〉の雫

心の中に深い傷を受けて生きている人がいます。誰に聞いてほしくても、その悲しみを言葉にすらできないほどの深い深い傷です。

たとえば、オウム真理教団によるサリン事件の後遺症で苦しんでいる人もいます。心だけではない、肉体までも痛めつけられて、大きな苦しみを背負っておられます。その苦しみは、本人だけではなく、家族全体のものとして広がっていきます。あのとき、たまたま問題の地下鉄に乗り合わせたばかりに、一生かかっても癒しきれないほどの大きな十字架を背負い込んでしまったのです。

それと同じように、まったくの突発事故としか言えない出来事がきっかけで、自分の人生の軌道が大きく反れてしまった人は、数かぎりなくおられるはずです。そのような悲しみを前に、わたしに慰みごとを言う資格はありません。

もしわたしに何かができるとしたら、そんな悲しみを抱え込んでいる人が、心の中で流している涙の、何万分の一かの涙を流すことです。

涙は〈いのち〉の雫です。あなたの目頭から流れてくる涙は、ほんとうは神さまが流している涙かもしれません。わたしはクリスチャンではありませんが、こういうときに人の悲しみを、まっ先に感じ取ってくれる神を信じます。

悲しみを〈いのち〉の雫で清めてください。遠慮せずに、もっと涙を流してください。それは神の涙なのです。

でも、涙は悲しみの専売特許ではありません。嬉しいとき、なにかに感動したときも、涙、涙、涙。わたしなんか、テレビドラマを見て、しょっちゅう泣いています。ときどき〈いのち〉の潤滑油である涙が不足していると思ったら、新宿の末広亭《すえひろてい》にでも行って、漫才や落語でも聞きながら笑い泣きするようにしています。

涙は、疲れた魂を癒してくれる最高の栄養剤。涙は、濁った魂を浄めてくれる最良の漂泊剤。人間、涙を流さなくなったら、魂の更年期障害かもしれませんから、要注意です。

涙が出てくるということは、この世に生を授かった〈いのち〉と〈いのち〉が共感しあっているということです。だから、小鳥がさえずったり、小さな花が咲いたりしても、じゅうぶんに泣くに値します。

年老いた人や病める人が涙もろいというのは、それだけ〈いのち〉の感受性が鋭くなっているからでしょう。肉体が衰えても、みずみずしい〈いのち〉を生きている人は、今日も〈いのち〉の雫で瞳を濡らしているのかもしれません。

涙といえば、沖縄の歌手で、参議院議員でもある喜納昌吉《きなしょうきち》さんの歌『花』に次のようなリフレインがあることは、皆さんもよくご存じだと思います。

泣きなさい　笑いなさい
いつの日か　いつの日か　花を咲かそうよ
泣きなさい　笑いなさい
いつの日か　いつの日か　花を咲かそうよ

わたしは、このフレーズがとても好きです。感情豊かに、泣いたり、笑ったり、そしてそのうちに、自分の希望を叶えていく。こんな生き方ができたら、素晴らしいですよね。

ちなみに、この歌の副題は、「すべての人の心に花を」となっていますが、悲しくても、嬉しくても、たくさん泣けば、〈いのち〉の雫が美しい花を咲かせてくれるはずです。

さあ、今泣きたいと思っている人は、ティッシュ・ボックスでも横において、しっかり泣いてください。

12 過去の過ちを笑い飛ばせる人間に

ひょっとすれば、この本の読者の中にも、過去において非行歴か犯罪歴をもつ人がいるかもしれません。それだけの過ちを犯してしまうだけの、他人には容易に理解できない事情があったのだと思います。よほどの理由なくして、誰も人としての道を踏み外そうとはしません。

考えようによっては、順境の中でスクスクと成長してきた人間よりも、その人たちのほうが、矛盾に満ちた人間世界の真相を深く理解しているのかもしれません。

ですから、わたしは非行歴や犯罪歴をもつ人をむやみと差別するのは良くないことだと考えています。そのような差別意識をもつこと自体、たまたま恵まれた境遇に生きてきた人間の驕《おご》りです。

わたしは有名な府中刑務所の近くに住んでいますので、その高い壁の下を自転車でよく通ります。あそこには再犯者が多く服役していると聞いていますが、じつのところ、わたしはその塀の中にいる人たちと話をしたくて仕方ありません。

まさか、お説教をするためではありません。彼らが、そこに行き着くまでの生きざまを聞いてみたいのです。きっと、すごい人生を歩んできた人たちだと思います。われわれも、彼らと同じだけの迷いも欲望も抱え込んでいるのに、たまたま塀の外に暮らせていることの有り難みを、もっとはっきりと知ることになるでしょう。

もし、自分の過去の姿を気に病んでいる人がいれば、ぜひそんな後ろ向きの考え方は、金輪際、捨ててください。自分の過ちに満ちた過去を笑い飛ばせるほどの人間に成長してほしいのです。

もちろん、就職などのおりに、過去の経歴が取り沙汰されることもあるかもしれません。しかし、もし差別されたら、その悔しさをバネに、人一倍努力してほしいのです。

ベストセラーになった『だから、あなたも生きぬいて』（講談社）という本を書いた大平光代さんは、かつてイジメや裏切りにあった悔しさをバネにして、中学校しか出ていないのに、独学で勉強し、至難とされる司法試験に一発で合格しています。非行の挙げ句、極道の妻までやっていた人が、そこまでやってのけたのは、悔しさのエネルギーを逆噴射させたからです。

かつて自殺未遂まで起こした彼女は、今や弁護士として、罪を犯した若者たちが逆境を乗り越えて、社会復帰を遂げる応援をしています。彼女は人生の裏街道を歩いてきた人ですから、すさんだ若者の魂に触れることができるのでしょう。名門大学の法学部出身の優等生弁護士では、なかなかそうは行きません。

わたしは以前から変な考えをもっていて、この世の中を良くしてくれるのは、ほかならぬワルだと思っています。もう少し正確にいえば、元ワルです。

彼らは「良識」ある市民とちがって、悪を犯すだけの生命エネルギーと大胆さをもっていたわけですから、そのエネルギーの方向さえ切り変われば、社会貢献の度合いが高くなる可能性があります。

過去において、何らかの過ちを犯してしまった人には、真摯に反省してほしいし、被害者に対して深い謝罪の気持ちを失ってほしくありません。しかし、それと同時に、かつて悪事を働いたエネルギーを逆噴射して、社会に喝《かつ》を入れてほしいものです。

お利口ぶっている人、自分を根っからの善人だと思い込んでいる人、ほんとうは、こういう人が世の中を悪くしているのかもしれません。なぜなら、そういう人の心の中には、おうおうにして、他者に対する醜い差別意識が巣くっていたりするからです。

自分をインテリだとか、道徳的人間だとか、かいかぶっている人を、わたしは友人にしたくありません。ぜんぜん学ぶものがないからです。わたしにとって魅力ある人とは、自分のどうしようもない愚かさ、罪深さを知っている人です。

親鸞《しんらん》さんは、「悪性《あくしょう》さらにやめがたし、こころは蛇蝎《じゃかつ》のごとくなり」といって、じぶんの心の中にヘビやサソリがわんさか、たむろしていることを知っていました。

だから、誠心誠意、ホトケの力に頼ることができたのです。

俗に「七転び八起き」といいますが、べつに転がり通しの人生であっても、いいような気がします。転がり落ちた先は、地獄ではなく、ホトケの手のひらなのです。そういう安心感をもって生きることが大切です。

転がっても、転がっても、懸命に生きていることに意味があるのであって、それが世間的な評価で成功しているか、していないか、大した問題ではありません。他人に自分の人生を判定してもらう必要はないのですから、自分の魂が納得する生き方をしている人が、いちばん幸せです。

いつも楽しく笑って過ごせるほど人生甘くはないけれど、だからといって、眉間に皺を寄せて生きていれば、問題が解決するわけではありません。

難しい問題がやってくれば、できるだけ肩の力を抜いて、心をほがらかにしているほうが、解決の糸口が見えてきます。

だからわたしは、いつも眉間に皺を寄せて、重苦しく話す人は苦手です。この手の人は、とくにインテリに多いですね。まさかあなた一人がしかめっツラをして生きたからといって、人類の抱えている問題がいくらかでも解決するというわけでもあるまいし、笑え！　と言いたくなってしまうのです。

たぶん、日本があの忌わしい戦争に向かって突入していったときも、偉い政治家や軍人が揃いも揃って、しかめっツラをしていたにちがいありません。だから、わたしは、しかめっツラをしたエリートが大嫌いなのです。

13 世界一美しい笑顔の持ち主

仏教の言葉に「顔施《がんせ》」というのがあります。それは、人にお金やモノではなく、笑顔を施すという意味です。なにも言わなくても、笑顔だけで、人の心を和ませることができるのです。そして、それはどれだけ貧しい人間にも実行できる慈悲行《じひぎょう》です。

そういう意味で、現代日本人の顔からスマイルが消えてしまったのは、残念です。もちろん、親しい友達同士なら、よく笑ったりするとは思いますが、職場やご近所から、ずいぶんと笑顔が消えてしまったように感じます。

よその国に行けばすぐに分かることですが、道ですれ違いざま、見知らぬ者同士がニッコリと微笑みあうことは、よくあることです。日本人よりもはるかに強い自我をもっていると思われるアメリカ人でさえも、よそ者に対して、もっともっとフレンドリーです。

東南アジアの農村地帯にでも行けば、ほんとうに屈託のない天然の微笑みに、よく出合います。ああいう笑顔は、近代都市生活の中で、われわれがどこかに置き忘れてきたものです。そんな笑顔に出合っただけでも、はるばる旅をしてきた甲斐があったと思うほど、すばらしいスマイルです。

同じ東南アジアでも、なぜかシンガポール人はスマイルの少ない国民として定評がありますが、たぶん現代日本人は、彼らと比べても愛想がありません。それは両方の国に住んだ上での、わたしの感想です。

道や駅のホームで、うっかり他人に微笑みかけようものなら、何か悪巧みのある押し売りか、ストーカーのような変質者に思われかねない現実があります。だから、みんなエレベーターのような狭い空間に乗り合わせても、極力、無表情を装っています。

これは人間社会として、とても悲しむべき状況だと思います。人と人とが、出合い頭にごく自然に微笑むことが、気持ち悪いものとしてしか受けとめられないというのは、やはり異常です。

そんなとき、素晴らしい笑顔をもつ人に出会いました。この人心の荒んだ現代日本社会で、天から舞い降りた天使の笑顔を見たければ、その人に会うにかぎります。ただし、ご本人には、いささか失礼なことを書いてしまいますが、その人は恐らく、この広い世界中でも、いちばん醜い顔の持ち主かもしれません。

なぜって？　それはその人が子どものころから、不幸にもハンセン病を煩《わずら》って、ちゃんとした治療も受けることができずに、眼も鼻も、そして手の指も朽ち落ちてしまっているからです。おまけに声帯も冒されているため、ほとんど声らしい声が出ません。きっと初めて出会った人は、その凄まじい形相に、思わず目を背けるにちがいありません。

その人の名は、桜井哲夫さんとおっしゃって、NHK番組『人間ドキュメント津軽・故郷の光の中へ』で紹介されたので、すでにご存じの方が多いと思います。

十七歳のとき発病して以来、強制隔離ということで、青森の家族とも引き裂かれ、六十年という月日を療養所の中で過ごしてこられました。戦争さえなければ、アメリカで開発された治療薬が届いて、症状が止まり、失明もせずに済んだはずです。

三十代で失明するまでの桜井さんは、よほど勉強熱心だったらしく、わたしもタジタジとするほどの教養の持ち主です。詩集も何冊も出し、将棋も四段を取っておられます。そして、そんな桜井さんが、こうおっしゃったのです。

「町田さん、人生の極意は負けることです。だって、はじめから何にも持たずに生まれてきたのだから、負けても何も失うものないでしょ。人生は、いつでも負けるのが一番。」

素晴らしいメッセージを頂いたわたしは、感動のあまり、いじわるな反論をしてしまいました。

「負けることが極意の人が、どうして将棋の四段が取れたのですか。」

「いつも気持ちよく負けようと思ってたから、勝ったんです。」

我が身に受けた偏見と差別で、人を恨み、世を恨んで生きていてもおかしくない桜井さんが、人に振りまくスマイルこそ、世界一の笑顔なのです。そのことは、ご自身も、ある程度、気づいておられるようです。


俺はね、自分の顔に誇りを持ってるの。この顔には、苦しみや悲しみがいっぱい刻まれてるのね。またそれを乗り越えてきたという自信も刻まれてるの。だからね、崩れちゃってはいるんだけど、いい顔なんじゃないかな。だってこの味わいは、俺にしかだせないものでしょ。エステに行って磨いても、そう簡単には出せないよな。でもね、この顔で人を怨んだり、泣いたりしていると、もう目も当てられない。自分だって見ているのが苦痛なくらいひどい顔になっちゃうと思うよ。だからね、いつだって笑顔でいるの。
（金正美《キムチョンミ》『しがまっこ溶けた』ＮＨＫ出版）

どうです。これほど、自信に満ちた言葉はありません。桜井さんが経て来られた悲しみや苦しみを思えば、五体満足のわれわれが、自分の顔に誇りを持てずにいることが、どれだけ恥ずかしいことか思い知らされます。

今すぐにでも、鏡の前に立って、自分の顔が、他人への怒り、へつらい、やっかみなどで、歪んでいないか、点検してみる必要がありそうです。とくに女性の場合、朗らかな顔こそ、最高にお化粧のノリがいい、チャーミングな顔だと思います。男性の目から見て、ツンツンしている美人というのは、どうにも頂けないものなんです。

どうか今日から、口下手のあなたも、へそ曲がりのあなたも、せめて微笑みぐらいは、周囲の人に振りまいてください。それだけで、日本は良くなると思います。

14 人生は爆発だ

「芸術とは爆発だ」と叫んだのは、大阪の万博公園に今も建っている「太陽の塔」をデザインした岡本太郎という芸術家です。彼はそうとうに奇妙な人でしたから、彼の創るものも、奇妙なものばかりです。

しかし、わたしは岡本太郎の言葉をさらに一歩進めて、「人生は爆発だ」と言い切ってしまいたいのです。爆発せずに不完全燃焼のままでいると、生きる喜びというものが、なかなか体感されません。

爆発といっても、必ずしも無謀なことをやってのけることを意味しません。自分の中にある強い願いを実現するために、果敢に行動していく、それを爆発と呼びたいのです。

自分の欲するところが、既存の社会的価値観と合致するとはかぎりませんから、それを突き進めていけば、自分の前に立ちはだかるものを打破せざるを得ません。爆発力の強靱な者だけが、夢を実現するのです。

対立を恐れて、迎合や妥協ばかりを繰り返していれば、本来の爆発力が失われ、結局、既成の社会常識に取り込まれてしまいます。

決して親不孝を勧めているわけではありませんが、時には、親の意見も爆破して、前進せざるを得ないときもあるものです。のちのちになって、親の反対があったから、好きな道に進めなかったと愚痴るぐらいなら、思いきって自分が信じる方向に前進すべきでしょう。

ただ、爆発するためには、大きなエネルギーが蓄積されていなくてはなりません。だから、じゅうぶんにエネルギーが溜まるまで、何か不本意なことがあっても、じっとガマンの時期があってもいいのです。忍耐力のないところには、爆発もありません。

ところで、日本の歴史の中で、いちばん強烈な爆発力をもっていた人物といえば、織田信長の右に出る人はいないでしょう。なぜなら、彼は短い人生の間に思う存分爆発し、ほとんど一人で、中世日本の常識をことごとく覆してしまったからです。

彼は比叡山《ひえいざん》延暦寺や石山本願寺《いしやま》を攻めて、何千人という僧侶を焼き殺しているし、敵対する武将には容赦のない仕打ちをしています。彼の行動様式の中の残虐性に焦点を当てるかぎり、彼はまちがいなく暴君です。

しかし、彼ほどの爆発力をもっていなければ、日本の中世にピリオドを打つことはできなかったはずです。安土《あづち》に城を構えてからは、画期的な社会改革を矢継ぎ早に実行していますから、そちらの側面を見れば、文句なしに名君です。

中世とは、宗教的権力が社会の隅々までカビのようにはびこっている時代のことです。そのカビを駆逐するには、よほど強い殺菌力をもった政治的手法が必要となります。その役を買って出たのが、暴君であり、名君でもあった信長だと思います。

彼を主題にした小説やテレビドラマがいつも人気を博するのは、横並びの農耕社会の因習を引きずっている現代日本で、信長的な強いリーダーシップに憧憬が募っているからでしょう。閉塞感が漂う社会にそういう傾向が出てくるのは無理もないことですが、独裁への道につながる可能性もあるので、危ない気もします。信長の歴史的評価については、意見が分かれるでしょうけど、予期もせず腹心の裏切りを受けることになったものの、信長本人は大満足でこの世を去っていったはずです。刻々と燃え盛る人生に、時間の長短はないのです。

人間も爆発しますが、じつはホトケさまも爆発します。ちょっと、こちらのほうはスケールが違います。

　仏は道場に坐したまい、清浄な大光明が放たれている。それは、あたかも千の太陽が一時に出て、虚空を照らすようなものである。……

　光明は、仏身の毛の孔から放たれており、雲の湧きでるように尽きることがなく、十方世界に充ち満ちている。どこにいても、あたかも、すぐ眼の前に光明を見るようである。

　衆生は、仏の光に触れると、苦しみを離れ、こころが寂まり、平和で楽しく、心は喜びでふくれる。（『華厳経』）

これをフィクションと見るかどうか。人間として生まれた以上、死ぬまでに一度は、そういうホトケの大爆発を目撃して、心を喜びでふくらませてみたいものです。

近頃は静かな仏像ブームがありますが、今度、仏像の前に立ったときには、ぜひ愛の光を四方八方に放射している姿を想像してみてください。

15 手作りの民芸品のような人生を

ふつう芸術家といえば、画家や彫刻家のことを想像してしまいますが、じつは絵が描けなくても、作曲ができなくても、この世に生命を授かって生きているかぎり、わたしたち全員が、人生という芸術品と取っ組み合っている一大芸術家なのです。例外はありません。

そもそも芸術品というのは、二つと同じものがあってはならないのです。それぞれに独創性があるから、かけがえのない芸術品でありえるわけです。

だから、自分の人生を他人の人生と比べて、才能や運に恵まれず、ダメな人生と考えるのは、おかしいと思います。われわれは、JISマーク入りの規格品の人生ではなく、手作りの芸術品を創ろうとしているわけですから、比較は無用です。

誰にもわたしの「作品」にケチをつける資格はありません。その「作品」を創り上げるプロセスを自分自身が楽しんでいるかぎり、それでいいのです。

もしも、あなたが今、凄まじい苦しみや悩みを背負い込んでいるとしても、それは地球上に誰一人として真似のできないユニークな芸術品を創りあげる大きなチャンスが来ていると思ってください。

現在、家庭の中がたいへんな状態にある人もたくさんいると思います。両親がけんかばかりしている。離婚訴訟で争っている。兄弟の誰かが暴力をふるう。何年も部屋に引きこもっている。性的な嫌がらせを受けた。家族の誰かが重い病気で何年も寝込んでいる。とてつもない借金をかかえている……。

地獄絵のような生活が、今日も繰り広げられています。それだけ凄まじい不幸を背負っているのに、誰も自分の言葉に耳を傾けようともしてくれません。孤独感は深まる一方です。

学校や会社の中で、ひどい扱いを受けている人も、たくさんいるはずです。どうして自分だけが、と思いたくなるほど、周囲の人はあなたに冷たく当たっているかもしれません。

ほんとうは自分を守ってくれるはずの人にも無視されたり、裏切ったりされると、ほんとうに辛いものです。そんなとき、底なしの孤独に陥ってしまっても不思議ではありません。

しかし、その不幸がどれだけ大きく見えても、決して負けないでください。神さまは、あなたが耐えられないような不幸は与えていないはずです。不幸が百の力で襲ってきたら、百五十か二百の気力で跳ね返してください。気力というのはバカにならない人間の底力です。

そもそも、無意味な悩みというのはないのです。今の苦悩は、何かの気づきにたどりつくためにあります。その気づきさえ手に入れば、かげろうのように消え去ります。

いってみれば、悩みは神さまが人間に与える虫下しみたいなものです。お腹の中に虫がいるかぎり、苦い薬を飲み続けなくてはなりませんが、わたしたちの心の中から寄生虫がいなくなったら、神さまは、もはや貴重な虫下しを与えてくれないでしょう。

逆境を呪うのでなくて、自分のためだと思って、感謝して受け止めてみてください。苦労は人間の魂をもう一段階、高い次元に成長させてくれる竜巻きのようなものです。いずれ通り過ぎます。

大きな不幸を背負い込んでしまった人ほど、大きな愛情を手に入れるチャンスがあるということです。不幸を不幸のままで放っておかずに、愛情に変えてしまってください。とても辛いこととは思いますが、それがあなたに与えられた使命なのです。

百年間凍っていた分厚い氷も、強烈な光が当たれば、あっという間に溶けてしまいます。実際に地球温暖化で、何万年も溶けることのなかったヒマラヤの氷河や南極大陸の氷が溶けはじめています。熱は、たとえ二、三度だけ温度が上がっても、それほどの力をもつのです。

不幸という氷が大きいほど、愛情という水がたくさん流れてきます。もし今のあなたが、氷に囲まれて、ブルブルと凍え死ぬような思いをしているのなら、それをレーザー光線で溶かしてください。

そして、そのレーザー光線とは、意志の力です。どんなことがあっても、自分は生き抜いてみせるという強い意志の力です。結局、愛情も意志が弱くては、手に入れることができないのです。

そういえば、「わたしは、神のエンピツに過ぎない」と言って、わたしなんかには灼熱地獄としか思えないカルカッタの街を歩き回り、死にゆく人々に愛を降り注いだマザー・テレサも、意志の人でした。

16 悲しみは喜びへのジャンプ台

今も、血を吐くぐらいの悲しみを体験している人もあるかもしれません。でも、その悲しみに負けないでください。その悲しみを、次にやってくる喜びへのジャンプ台にしてください。

落ち込みがひどいほど、飛躍は大きいものです。飛び込み台の板が下に大きくしなったときこそ、選手の体は上に高く跳びあがります。あれと同じ原理です。

悲しみを経験するということは、とてもアンラッキーのように見えますが、べつな視点に立てば、ほんとうはラッキーなことかもしれません。だって悲しみを知らなければ、人の気持ちがぜんぜん分からないものです。

大きな悲しみを経験するということは、それだけ大きな愛情を手に入れることができるということです。そう考えれば、悲しみに感謝してもいいぐらいです。

悲しみは、愛情という草花を育てるための慈雨です。毎日が雨でも困るけど、ときどきは降ってくれないと、愛情が枯れてしまうかもしれません。人生の天候は、「晴れ、ときどき通り雨」ぐらいが、ちょうどいいような気がします。

でも、ときに悲しみは台風のようにやってきます。屋根瓦が飛んだり、大木が倒れたり、悲しみの台風は大変です。場合によっては、家がぺしゃんこに潰れることだってありますから。

しかし、毎年のように日本列島に台風がやってきてくれるから、貯水地に満々と水が貯えられ、人間も飲み水にも不自由せず、稲も青々と育ちます。

ときどき襲いかかってくる深い悲しみも、愛情の水瓶《みずがめ》に愛を注ぎこんでくれる人生の台風のようなものですから、じっと耐えるより仕方ないのかもしれません。でも三日以上、同じところで荒れ狂う台風なんて聞いたことがありません。台風一過、雲一つない晴天がやってくることを信じて、ふとんでもかぶって寝ているのがいちばんです。

自分はツイてない、悪い運命を背負っていると思い込んでしまえば、いくらでもツイてないことに遭遇します。否定的なシグナルを発信しているわけですから、それに応答してくるのは悲しい出来事ばかりです。おどおどと幽霊を恐れている人間にかぎって、夜道で幽霊に出合うようなものです。

たとえ悲しいことを経験したとしても、「ああ、冬の次には春が来る」ぐらいに受け止めておいたほうがいいのです。きっと喜びの光が差してきます。だって、太陽が沈んだまま戻って来なかったことは、地球が誕生して以来、一度もなかったのですから。さあ、幸福に向かって助走を始めてください。勇気をもってジャンプ！

17 誰にだって幸せになる責任があります

日本国憲法に書いてあるわけではありませんが、国民全員がひとり残らず背負っている最大の責任って、なんだか知っていますか。

しかもそれは、誰もが死ぬまでに絶対に果たさなくてはならない責任だと思います。ところが、そんな重要な国民的義務だのに、大学の法学部や、最近はやりの法科大学院に行っても、教えてもらえないのです。たぶん法務大臣や最高裁判所の判事でさえも知らない、国民として逃れることのできない責任なのです。

で、どういう責任かというと、「必ず幸せになる」という責任なのです。誤解のないように言明しておきますが、それは「権利」なんかじゃなくて、「責任」なのです。それも、「大責任」。

「私には何々を得る権利があります」というふうに、個人的な権利要求に熱心な割には、幸せになる責任のほうは、ずいぶんいい加減に扱われています。言いわけばかりして、ちっとも幸せになろうとしない人が多すぎます。たとえば……、
家が貧乏だった、両親の仲が悪かった。だから自分は子供のときから、恵まれない環境で育ってしまった。一人立ちしてからも、つまらない結婚をしてしまった。まったくワタシは、不運な人生を歩まされている。

いやあ、ワタシは生まれつき頭が悪くて困ってる。だから、一流校進学なんて最初から望めなかったし、三流校でビリから何番目で卒業したぐらい。おかげで、やっと就職できたのは、地方の零細企業。これじゃね、人並みの幸せなんて、到底無理というもの。

ワタシはもっと深刻。生まれつき体が弱くてね。障害者といってもいいぐらい。何をしても体力が続かないの。だから、どんな仕事を見つけても、すぐにクビ。こんな辛さは、誰にも分かりっこない。「幸せになる責任」なんて、健常者の驕り以外のなんでもない。黙っていて。

こんな声が次々と聞こえてきそうです。すべて、ごもっとも。あなたが厳しい境遇に育ったという点においては、反論の余地がありません。しかし、たとえあなたが最低最悪の境遇で生きることを強いられているとしても、やっぱり幸せになる責任から、逃れられないと思います。

貧乏でも、家庭不和でも、無学歴でも、病気でも、障害者でも、何ひとつ不幸になるための言いわけに使うことは許されません。与えられた運命の中で、四苦八苦しながらも、幸せになっていくところにこそ、人間の尊厳があるはずです。

だから、どんなに辛くても、幸せになる戦いは、死んで棺に納まる瞬間まで、止めてはいけないと思います。ラッキーなことに、この戦いは中途で諦めないかぎり、敗者がいないのです。ほんとうは全員勝者になれる戦いなのだけれど、あまりに中途放棄する人が多すぎます。

苦戦を強いられる戦いであればあるほど、勝利の喜びは大きいと思います。人間に生まれ変わりがあると信じるかどうかは個人の問題ですが、もしあるとすれば、今生で幸せにならないと、究極のレッスンを学ぶために何度でも生まれ変わって、同じ苦労をしなければならないかもしれません。

それにしても、重い税金を支払う責任や、兵士として軍隊に行く責任は嫌ですが、幸せになる責任って、素晴らしいじゃありませんか。軍備を正当化するための改憲には大反対ですが、「全国民には生きているうちに、すごく幸せになる義務が科せられている」という条文を入れるのなら、改憲大賛成です。

18 幸せに理由なんかいらない

ほんとうは幸せに理由なんか、いらないはずです。お金がいっぱいあるとか、素敵な恋人と結婚できたとか、そういうことが幸せのための条件みたいに思われているけど、どうも違うように思います。

是が非でも手に入れたいと思って、やっと手に入れたものが、かえって不幸の原因になることもあります。人間は欲しいものが手に入らないときは、必死になりますが、いったん手に入ってしまえば、それがしばしばお荷物になってしまうのです。たとえば、誰も乗っていないような高価な外車を手に入れたとき、とても幸せな気分になるかもしれません。とてもカッコ良くて、まるで自分までがピカピカに光っているような気になります。

しかし、二、三年後もそのクルマを買ったときのような高揚感に満たされているでしょうか。乗り回すうちに、そのクルマのもっている不具合とかが、はっきり見えてくるのと平行して、ローンの重みばかりが気になっているかもしれません。

だいたい栄華を極めた人で、ほんとうに幸せそうにしている人はあまり見かけません。そこまで幸運に恵まれたのだから、毎日、感謝感激していてもよさそうなのですが、反対に重苦しい顔をしている人が多いようです。財産とともに、きっと執着心も増えてしまったのでしょうね。

だから、幸せの在りかというのは、どうも目に見えるところにはなさそうです。手に入ったものは、いつか壊れてしまったり、手から離れてしまったりするのだし、永遠の幸せを保証してくれません。それよりも何がなくても、魂が満ち足りていることが、最高の幸せじゃないでしょうか。

岩のようにどっかりと座っているだけで幸せなんて、素敵じゃありませんか。黙って何もしなくても、幸せの光に満たされている人っているものです。寝たきりの患者さんだって、光り輝いている人がいるのは、そのせいだと思います。

あるいは野の花のように、世の中の隅っこのほうに静かに佇んでいるだけで、幸せの光を放射している人もいます。べつに目立ったことは何もしなくても、その人が生きているという事実だけで、こちらまでが、なんだか嬉しくなってくる人っているじゃありませんか。

そういう人と出会ったら、ぜひその出会いの縁を大事にしてください。人間世界にも、高山植物のような汚れのない人がいるものです。そういう人は、どこか知らない星から派遣されてきた崇高な魂の持ち主なのかもしれません。

だから、やっぱり幸せに理由なんていらないんです。たいていは、幸せになるには立派な理由がいくつもいると思ってあくせくしてるんだけど、どうもお門違いみたいです。

それにしても、われわれはいつもセカセカと、時間に追われすぎです。一度ゆっくりと、草原か砂浜に座りこんで、何もいらない幸せの味をかみしめてみませんか。

時間は、

お手玉で遊ぶ
浜辺の子ども。
子どもの王国。（ヘラクレイトス）

遊びも戯《たわむ》れなら、仕事も戯れ。時間を忘れて無邪気に戯れる「子どもの王国」に、いつでも入っていける人が、世界でいちばん幸せです。

自分の心から、我欲というアカさえ落とせば、毎日が「遊びモード」。母親の膝元に戯れる子供のように、心にひっかかるものがない状態に戻っていく。それが、幸せの必勝法です。日本人は世界一、風呂好きな国民ですが、できればお風呂に入るたびに、心のアカもこそぎ落としておきたいものです。

19 わたしが出会った世界一幸せな人々

何もないのに幸せなんて、絵に描いた餅みたいな話をしないでほしいという人がいるかもしれないので、実例をあげます。

わたしの尊敬している人物の一人に、八十三歳の庵主さんがおられます。お若いときは禅の尼僧として、ずいぶん厳しい修行をされたようですが、今はまったく人の好い、可愛いおばあちゃまといった感じです。

兵庫県の小さなお寺に暮らしておられますが、その境内に一歩踏み入れば、いかにも禅寺らしく飾り気がなく、小奇麗で、しかもどことなく可憐な雰囲気に心打たれます。まるで庵主さまのお人柄そのものを見ているような感覚に包まれます。

でも、庵主さまがそこに住まわれたころは、お化け屋敷同然に荒れ果てて、誰も本堂の仏さまに手を合わすことがなかったそうです。それをすっかり整備されて、今の姿になったそうですが、かといって、檀家からのお布施があるわけでもありません。庵主さまのお人柄に惹《ひ》かれる人たちが自然に集まってきて、その人たちの応援で、次第に環境が整ってきたのです。

庵主さまには、ご本尊である観音様の声がはっきりと聞こえるそうですが、かといって、霊能者のように、神秘めいたことを人に言い触らすわけでもありません。あくまで、自分の生き方のようすがにしておられるだけです。

十七歳で出家して以来、いろいろとご苦労を重ねられた上に、一生独身を保っておられますが、一度も寂しいと思ったことはないそうです。いつも観音さまの存在を近くに感じて生きてこられたのです。ときには十三年にも及ぶ長い闘病生活も味わわれた庵主さまですが、お会いしているだけで、この人が大きな幸福感に満たされていることは、すぐ分かります。

わたしが庵主さまにお会いしているときに思い出すのは、十八世紀のユダヤ教思想家トゥヴ・ベール・ファン・メッツェリチュの言葉です。

こどもは三つのことを教えてくれる
わけもなく楽しくいられる
かたときもやすんでいない
欲しいものはきっと手にする

たしかに庵主さまは、なんとなくいつも楽しそうです。少しでも暇があれば、庭や畑に出て、せっせと仕事をしておられます。私財はないはずだのに、ご本人は「すべてが満ち満ちています。何の不足も不安もありません」というのが口癖です。庵主さまが無邪気な「永遠のこども」でいられるのも、つねに観音さまに導かれ、守られているという強い信念があるからでしょう。

明日にでも自殺をしようかと思いつめた人でも、庵主さまに会っているだけで、生きる希望が湧いてきます。かといって、何かもっともらしい説教をされるわけでもなく、「それはお辛いことでしょうに」とぐらいしかおっしゃらないわけですが、それで人を感化していくというのは、それこそ宗教家の理想像だと思います。

じつは庵主さまだけでなく、わたしには幸せな仲間が何人かいます。ぜんぜん仕事とは関係のない、わが魂の友だちです。彼らと一緒に、年に二、三回旅をするのが、わたしにとって最高の楽しみです。

どういう顔ぶれかといえば、県警のパトカーでさえ修理を依頼してくる無認可のクルマ屋、みずからはちょっとした障害者だのに細腕一本で娘を東大に通わせている未亡人、ぜんぜん金もうけに関心がないのに儲かって仕方ないという香港の富豪、東北の片田舎で有機農業をしながら和太鼓に身も心も捧げてしまった農民、大地の「気」を使ってオリンピック選手を養成している水泳監督、鉄腕アトムに出てくるお茶の水博士のように不思議な機械を発明するエンジニア、といった具合です。

この社会的チグハグぶりがなんともいえないのですが、彼らは顔を合わせたとたんに、意気投合してしまいます。年齢、性別、職業、学歴、収入のすべてが、まったく異なっているわけですが、「人生を楽しんでいる」という一点において、彼らはまったく共通しているのです。

もう一つ彼らに共通する特徴があるとすれば、みんな自分の生き方に自信をもっていることです。他人と比較して、自分のほうが優れているとか、劣っているとか、つまらないことで心を煩わせることがありません。その自信の力強さが彼らの存在を輝かせているのです。

ちなみに、自信とプライドは似て非なるものです。プライドは他人との比較で決まる相対的なものです。だから、すぐ天狗になったり、落ち込んだりするのです。自信は、文字どおり自分を信じる力です。きっと幸せと自信は、同じコインの表と裏なんだと思います。みなさんも、ぜひそんな幸せな自信をつかんでください。

20 小さなことにも感動できる心を

毎日が単調で、退屈だ、なんて思っている人がいるのなら、その人は、今、生きていることになりません。たしかに心臓は動いているかもしれませんが、もう心は「脳死」状態です。

たとえば、遊園地の真ん中にいて、アトラクションにぜんぶタダで乗っていいですよ、と言われているのに、ゼ~ンゼンすることがない。こんなつまらないところはないと叫んでいるようなものです。もったいない話です。

自分の生活がつまらなく思えるのは、何か自分の心を覆い隠すものがあるからではないでしょうか。それは知識かもしれませんし、欲望かもしれません。エゴという毒が、自家中毒を起こしている可能性もあります。

本来、曇りのないのが、真心です。心と体を全開にしてさえいれば、人生は感動の連続です。退屈なんてしたくても、できるものではありません。

真理というのは、存外、自分の手の届く範囲にあるのです。難しい本を読んだり、偉い人の話を聞いたりしなければ真理が分からないということは、まったくありません。

イキイキとした目をもって世界を眺めていれば、道ばたに咲いている何の変哲もない花だって、涙が出るほど美しく見えるかもしれません。買い物の行き帰りに、いつも通り過ぎている洒落《しゃれ》た店の構えだって、たまらなく素敵なのです。

一本のソフトクリーム、一杯のコーヒーだって、ほんとうに味わっていますか。「あ〜、おいしいなあ」と心から思えるだけでも素晴らしいじゃありませんか。もしも、何かの心配事があったり、体調がすぐれなかったりしたら、それだけでも「おいしい」とは思えないはずですから。

星野富弘さんといえば、口に筆をくわえながら、心のなごむ絵と詩を創作する人として有名です。中学校の体育指導をしているときに、あやまって首の骨を折ってしまい、それ以来、寝たきりの生活をしておられます。

彼こそ、小さなものに最大の美を発見する大天才だと思います。星野さんの作品はどれも素晴らしいですが、わたしの好きな詩の一つを紹介しておきます。

男タルモノ
花にになど

見とれていて
よいのか
しかし男タルモノ
花の美しさもわからず
女の美しさを語るな

すっかりオジサン世代になってしまったわたしなんか、若い女性を見ているだけで楽しいものです。相手が、とびきりの美人である必要もありません。若い生命の華やいだ輝きが、嬉しいのです。明るくて、清楚な感じの女性に出会ったときなどは、なんだか得をしたような気になってきます。

そんな些細《ささい》なことでも素敵なんだから、進学、就職、結婚など、自分が願ってることが叶ったときなどは、それこそ「生きていてよかった！」と思うものです。

世の中にはいろんな才能があるものの、小さなことにも感動できる心をもっていることが、いちばん見事な才能かもしれません。感動は感動を呼びます。だから、小さな感動を繰り返している人は、もっと大きな感動の波紋を招くことができるのです。

われわれは、人から深い情けを受けたときなどに感動します。打算のない無垢《むく》の愛情ほど、われわれの魂を揺さぶるものはありません。

自然の美に触れたときも、最大級の感動が訪れます。地球って、ほんとうに美しく創られていると思いませんか。人間がどれだけ頑張ってみても、自然の造形美に太刀打ちできません。恐らく自然の美に感動するとき、人間は、魂の原郷としての〈いのち〉の壮大さを直観しているのではないでしょうか。

そのような魂の感動体験を少しでも多くもつためにも、日頃から、なるべくピュアな心、素直な心をもつように努めたいものです。つまらない競争心や嫉妬心で、他人のことばかり念頭に置いておれば、どれだけ美しいものを前にしても、ちっとも感動できないわけですから、同じ人生を生きても、つまらないじゃありませんか。

とくに女性は、素直な心がいちばん美容によいお化粧であることを忘れないでくださいね。そうです。すでに十分に美しいあなたが、いっそう美の輝きを増すのですから、あなたにとっても、そんなあなたを眺めることができるわたしにとっても、こんなに嬉しいことはありません。

21 人間に疲れたときは

いつもいつも、人間の海の中で揉まれていると、誰だって疲れてしまいます。都会で満員電車に揺られるような生活を毎日続けていると、体だけでなく、こころまで慢性疲労になってもおかしくありません。

とくに、大きな組織で自分の感情を押し殺したように、何十年も生きてきたような男性には、金属疲労といったほうがふさわしいような現象が見受けられます。思考の範囲がじつに狭く、少しも新しい発想がないのです。

だから現代人は、ときおり思いきり人里離れた土地で、大自然に親しむことが大切なのです。自然は、人間を甘やかしてもくれませんが、裏切りもしません。いつも、自然は自然のままです。それがいいのです。自然の中では、誰に愛想笑いをする必要もありません。

でも不思議なことに、森の中を歩いていたりすると、自然と顔が綻《ほころ》んできます。歌声が出てきたりもします。わたしの場合、べつに誰に対してでもないのですが、「ありがとう」という言葉が繰り返し出てきたりします。

きれいな空気と水、そんなものに触れるだけで、わたしたちの細胞の一つ一つが生き生きと蘇《よみがえ》ってくるのを感じます。自然との会話には、理屈がいりません。歩いているうちに、体が開放されてきて、自然との感覚的な交流が始まります。

インドの偉大な詩人ランビドラナート・タゴールも、つねに自然と向かい合って生きていた人です。

私は感じる
満天の星が私の中で

脈打っているのを。
世界はほとばしっている、
私のいのちの中を
流れくだる
水のように。

花々がひらく、
私の存在の中で。

あらゆる春は
その風景と
その河とともに
香のかおりのように

私の心にたちのぼる、
そして、ものみなの
呼吸は
私の思考の中で歌う、
フルートのように。（「叙情の供物」）

わたしは京都の賀茂《かも》川近くで育ちましたが、子どものとき、まだ所々に野原や林が残っていて、その一角をスイバと呼んでいました。それは、自分だけの隠れ家のことなんですが、放課後や休みの日なんかに、一人か二人の親友だけを連れて行って、そこに隠しておいたメンコやビー玉で遊んだものです。

動物が獲物を隠しておく場所をもつのと同じように、人間は何歳になっても、本能的にそういう場所を必要としているような気がします。わたしのいうスイバがない人生は、秘め事のない恋愛みたいで、ちっともエキサイティングじゃないのです。ソファの上でポテトチップをかじりながらテレビばかり見ている人間のことを、アメリカでは「カウチ・ポテト」と呼びます。日本にも多数の「フトン・ポテト」が生息していると思われますが、週末ぐらいは思いきって外に出かけてみてはどうでしょう。

山を歩いて、温泉に浸かって、山菜でも肴《さかな》に地酒をグイッ。それだけでも、ゴクラク、ゴクラク。山や海に出かけて行って、自分の中の自然を感じてください。きっと元気が蘇ってきます。

22 〈いのち〉は無限に繋《つな》がっている

わたしたちは、よく孤独に陥ります。人間は浮気性にできていて、ときどき人の誠意を裏切るようなことを平気でやってのけますから、自分が裏切られたと思ったとき、とても寂しい思いをするものです。

結婚したくても、結婚できない人もいます。ちょっとした話し相手が欲しくても、誰も話し掛ける相手さえ、どこにも見つからないという人もいます。

結婚していても疑わしいものです。夫婦でも、なかなか本音を語れないものです。ナイトクラブで恐ろしく高いお金を払ってでも、ホステスとの会話を楽しもうとする男性が多いのは、その証拠です。

最近、急増している少年たちによる犯罪も、たいていは家庭や学校で心を開いて話す機会をもてないでいたことに、最初の原因があります。大人でも、腹を割って話す相手さえいれば、邪悪な道に走らなくてもよかった人は、数限りなくいるでしょう。

いや、反対に、うるさいぐらい多くの人に囲まれていても、心の中で癒されようのない孤独を感じている人もいます。映画や舞台で脚光を浴びているスターが、突然、自殺を図ったりするのもそのためです。孤独の深さは、外からは測れません。

わたしも、思春期に親兄弟から離れて、血を吐くほどの孤独感にさいなまれたことがあります。お寺の生活でいろいろと嫌なことが重なっていたので、なぜ自分だけが、こんな不遇な目に遭うのだろうと、クヨクヨ生きる日々でした。

人間は本来、孤独に出来ているのかもしれません。親や兄弟がいてくれても、結局、生まれてくるときも一人だし、死ぬときも一人です。だから、孤独から逃げようとせずに、生涯、孤独と仲良くつきあっていく方法を見つけたほうが賢明です。

ちょっと厳しいことを言うと、引きこもりにせよ、うつ病にせよ、どこか他人に甘える心情が潜んでいるのではないでしょうか。もしも、ジャングルか砂漠で一人で生きていかなくてはならない状況に追い込まれると、誰も引きこもったり、落ち込んだりしている余裕がないはずです。ただひたすら、生きることだけに、心を集中します。

だから、大都会に住んでいても、あまり周囲のことを気にせずに、ジャングルにでも暮らしているつもりで、気ままに、しかも逞《たくま》しく生きてみたらどうでしょう。孤独がなんだ、というぐらいのデカイ気持ちになってください。

ただし、社会的存在としての人間は孤独だとしても、ぜんぜん孤独ではない面もあるのです。それは生命としての人間です。われわれは、世界中の人々と同じ〈いのち〉を生きています。動物や植物とも、なんの隔たりもない〈いのち〉の世界を共有しています。

いのちとは何か
それは、夜を照らす螢のきらめき
凍てつく冬の空気に野牛の吐く吐息
草の上に落ち着かない姿を映しながら
日没とともに消えていく、ちっぽけな影

（ブラックフット族の首長クロウフット）

孤独でいたくても、少しも孤独でいさせてくれないほど、〈いのち〉の網の目が、宇宙の隅々まで張り巡らされています。晴れた日の夜空を見上げてみてください。無数の星がきらきらと輝いていますが、それぞれの星は何億光年も離れているはずです。それでも、すべての星が、まるで宇宙家族として声をかけあっているようです。

一人ひとりの人間も、宇宙の星のようなものです。離れていても、ぜんぜん離れていないのです。孤独というのは、じつはわれわれの錯覚なのです。

だから、自分は孤独などとセンチメンタルになったときは、せいぜい自然に目を向けることです。花は、あなたを裏切りません。動物は、嘘をつきません。山は、愛想笑いをしません。

わたしは、富士山麓の青木ヶ原樹海が好きで、ときどき出かけます。そこに踏み入ると戻れなくなるので自殺の名所らしいですが、わたしの場合、あの森の中で、しばらく腰を降ろしているだけで、ホッとします。周囲の木々、苔、溶岩が、みんなそれぞれに〈いのち〉の讃歌を歌っているような気がするのです。

みなさんも孤独を感じたときは、青木ヶ原樹海にでも出かけられることをお勧めします。まさか、自殺するためではありません。ぜひ、そこに鳴り響く〈いのち〉の讃歌に耳を傾けてほしいからです。富士山の元気をもらって、孤独な思いを吹き飛ばしてください。

23 人生は宝の山

何度も同じことを繰り返すようですが、幸せになるいちばんの秘訣《ひけつ》は、どうやら「こだわり」を捨てることにあるように思います。

こうであらなくてはならない、ああであらなくてはならないという枠組みを、心の中からなるべく取り外していく。世間の義理に合わせるだけでも大変だのに、自分が自分になにかの義務を押し付けてどうするのですか。

人と比較して、自分のほうが先だとか、後だとかも思わない。自分は自分だけの世界を創っていく。しかも、それは閉鎖された世界でなく、外に開かれていて、すべての存在と繋がっている。

なるべく欲を小さくして、こだわりを捨ててみれば、自分が宝の山に囲まれていることが見えてきます。ほんとうに自分が求めているものは何かを、自分自身に問いかけながら、ゆっくりと生きていく。そこに、汲めども汲めども、汲み尽くすことのない喜びの泉が湧き出すのです。

何かに失敗したり、挫折したりしたとしても、人生が宝の山であることには変わりはありません。悔しかったり、恥ずかしかったりしたことでも、その体験を宝物にしてしまうか、ゴミにしてしまうか、自分次第だと思います。

不平不満でいっぱいの心で生きていけば、せっかくの宝の山が、たちまちゴミの山になってしまいます。家庭から出たゴミも、休日が続いたりして、ゴミ回収のトラックが来なかったりすれば、近寄りがたいほどの悪臭を放ちます。愚痴でいっぱいの人には、ハエがたかることがあっても、幸運の女神が舞い降りることはありません。

苦労した人は、人にない魅力をもっています。渋柿が甘柿になったようなコクのある人間味をもっています。焼き物でも、表面が滑らかで、きれいな絵付けがされているものよりも、形もいびつで、ごつごつとした風合いのものが好まれたりします。人間もそれと同じで、風雪に耐えた人格には、なんとも言えない味わいがあります。

でも、せっかく苦労しても、それを鼻にかけたり、ひがみに思ったりしている人は、苦労していない人よりも醜いです。苦労がアダになったとでもいうのでしょうか、そんなことなら、苦労知らずの人のほうが、よっぽど素直でよいと思います。ほんとうに苦労した人は、過去の苦労を語るよりも、現在の喜びを語るでしょう。どんなことがあっても、「ありがとうございます。これでわたしも、また一つ徳を積ませていただきました」と、感謝の心を失うことのない人こそ、掘っても掘っても掘り尽くすことのない宝の山の在りかを知る人です。

地上に宝を蓄えてはならぬ。
地上では、虫が喰ったり、カビが生えたりする。
泥棒が侵入して、盗んだりする。

天に宝を積みなさい。
天では、虫もカビもそれをほろぼすことができない。
泥棒が侵入することも盗むこともない。

あなたの宝がある場所に、
あなたの心がある。（マタイによる福音書六：一九）

わたしは、自分の生きざま、自分が体験で綴《つづ》る自分だけの物語、それが「天の宝」だと思っています。ということは、波乱万丈の人生を生き抜いている人こそ、すごい宝の持ち主にちがいありません。

ところで、宝の山といえば、わたしの友人にビジネスで成功をおさめた人がいます。彼は国内外に多くの資産をもっていますが、ビジネスの極意は無欲でいることだそうです。つねに無我無心の境地でいる彼にとっては、株式市場ですら、光の波動のようにしか見えていないようです。

株の売買にしても、世間一般の動きに巻き込まれず、やがて上昇気流が吹くところを見極めればいいだけのことであって、べつに力んで商売をする必要はないと、彼はいいます。「欲」に駆られて商売をすれば、一時的に儲かることがあっても、いずれ急転直下、衰退は目に見えているそうです。

ここで、少し恥ずかしい体験を告白します。偉そうなことを書いているわたしも、じつは愚かな投資をして大損をしたことがあります。まったく経済事情に疎《うと》いわたしは、営業マンの口車に乗せられて、先物商品に手を出してしまったのです。財テクなどかつて一度も考えたこともなかったわたしに、「欲」という魔が差したのです。その結果、人間が「欲」に駆られて行動すれば、ろくなことが起こらないという教訓を、高い月謝を払って学びました。

さて、わたしと異なって、「欲」がないのに儲かって仕方ない友人によれば、人との信頼関係を大切にし、無理のないビジネスが結果的に財運をもたらしてくれるのであって、心に曇りさえなければ、新聞を読んでいてもビジネス・チャンスだらけで、まるで宝の山に見えるそうです。お金を儲けたい、儲けたいと思っているうちは、少しもチャンスが見えてこないのは皮肉な話です。

そのことは人生全般に当てはまるのだと思います。まったく無欲になるのは難しいですが、なるべく欲を少なくしたとき、いろんな宝物が目に入ってくるのではないでしょうか。

何はなくとも、心は億万長者。せめて、それぐらいのことは、言ってみたいですねえ。

24 辛いときは鼻歌でも歌って

考えてみれば、人間の寿命が何十年か与えられているというのは、素晴らしいことです。なにしろ、その間にこの世に生まれてきた、たった一つの宿題を済ませればいいのですから。

その宿題が何かといえば、ちょっと単純すぎるのですが、「魂を清らかにする」ことです。まちがっても、功なり名を遂げることが、人間の宿題などと思わないでください。

世界一の長寿を誇る日本人は、この大事な宿題をやってのけるのに、外国の人たちより長い時間が与えられているわけですから、幸運といえば、これほど幸運なことはありません。

できるだけ欲を少なくして、軽やかに生きて行く。それだけでいいのです。「艱《かん》難《なん》、汝《なんじ》を玉にす」などと言って、さまざまな試練を味わわないと、立派な人間になれないような考え方が昔からありますが、必ずしもそうではありません。

そんな泥臭い苦労なんかしなくても、スッと素晴らしい境地に至る素直な魂もあります。さんざん苦労しないと、人生の一大事に気づかないというのは、どちらかといえば、業《ごう》の深い魂でしょう。

わたしのように、長年お坊さんの修行をした挙げ句に、わざわざ外国にまで出かけて行って、塗《と》炭《たん》の苦しみを舐《な》めるといった人物は、まちがいなく、前世からの借金が多い人間だと思います。

「魂を清らかにする」といった単純明解な宿題をやりこなすのに、ほんとうはそれほど時間がかからないはずです。七月に先生から渡された夏休みの宿題を、八月末ぎりぎりまで放っておいて、始業式直前に大慌てでやるといった記憶は、誰にでもあるはずです。

どうやら、それと似たようなことをわれわれは、この人生においてもやっているようです。気になる宿題はなるべく早く済ませてしまって、後は海や山で思う存分、遊んだほうが楽しいじゃありませんか。

せめて人並みの学歴を持たなければいけないと思い込んで、行きたくもない学校に行く。就職してからは人並み以上の業績を上げなければいけないという強迫観念にとりつかれて、健康までも害して働き続ける。こういうことは、いちばん大事な宿題をやってのけるという観点からいえば、じつはとんでもない寄り道をしていることになります。

ちょっとばかし厳しいことをいえば、五十歳、六十歳になっても、我欲で眼が眩《くら》んでいるというのは、人間として恥ずかしいことです。とっくの昔に済ませているはずの宿題を後回しにして、道草を食うことに心奪われてきたわけですから。

よく自分の肩書を笠に着て、偉そうな態度をみせる人がいますが、あれはその精神が幼稚園児なみに未熟であることを示しています。わたしはそういうオジサンに何かの会合などで出会ったとき、なるべく早々に席を立つことにしています。人生という限られた時間に、強欲な人間の俗臭をかぎたくないからです。

人間は素直に生きてさえいれば、ごく自然に肩の荷が減っていって、やがては軽やかな人生が開けてくるはずです。年齢とともに体力が衰えていくのは仕方ないにしても、この心の軽さを味わうことができるのは、お年寄りの特権だと思います。

越後の良寛さんには、いつも村里の子どもたちと手まりをして遊んでいたという話が伝わっています。実際に子どもたちと遊ぶかどうかは別として、そのような軽やかな心で生きることこそ、この世に生命を授かった者すべてが、最終的に到達すべき人生の醍醐味じゃないでしょうか。

明日のことを不安に思う必要はない。
明日の不安は明日自身に属している。
その日の苦しみはその日だけのことだ。（マタイによる福音書六：三四）

もちろん、人間社会のことですから、生きているかぎり、辛いことにも遭遇します。それは致し方のないことです。でも、そんなときは鼻歌でも歌って、軽く軽く、しなやかに生きるようにしてください。

なにしろ人間の生命は、無限の宇宙生命に直結しているわけですから、昨日や今日、多少嫌なことがあっても、クヨクヨ思い悩むほどのことはないのです。長い人間の一生も、宇宙の神さまが、ほんの一瞬くしゃみをするぐらいの時間にしか過ぎないのでしょうから、運不運も何ということはないのです。

今を楽しむ。それ以外に、どんな人生哲学が必要だというのでしょう。

25 こころの重しを切り落とす

わたしたちの心は、元々とても軽いものだと思います。ひょっとしたら、羽毛のように、ふわふわと風に乗ってどこまでも飛んで行けるほど、軽いのかもしれません。

ところがです。現実には、鉛のように重い心に手足を縛《しば》り付けられて、まったく身動きのとれない状況にある人が少なくないみたいです。現代社会からは、奴隷制度はなくなりましたが、目に見えない心の奴隷は、むしろ広がっているような気がします。しかも自縄自縛《じじょうじばく》の奴隷です。

自分は、誰ソレのことが恨めしい、いくら望んでもほしいものが手に入らない。そんな想念を抱えこむと、心はますます重くなっていきます。

みんなスタイルを気にして体重計によく乗りますが、心の重さを測る「心重計」というのをどこかの会社が開発してくれないかなあと思っています。人によっては、重量何トンという心を担いでいるかもしれません。誰に頼まれたわけでもないのに、シンドイことです。

心があまりに重く、下のほうに垂れ下がっていくと、だんだんと地獄に近づいていきます。重しの糸が切れて、地獄にまっ逆さまということのないように、日頃から少しでも心を軽くしておく必要があります。

胃が下がるのは胃下垂という病名がつきますが、心が重たく下がるのは、さしずめ「心下垂」とでもいうのでしょうか。あなたも、「慢性心下垂」にかかってはいませんか。

はじめから赤ちゃんのように心さえ軽くしておけるのなら、厳しい修行をして悟りを開くのなんのって、面倒なことはいらないのです。むしろ、そういう不自然な修行をすると、「オレは大変な修行をしたんだぞ」という自意識の重さが加わることになるかもしれません。お坊さんの中に、よくそういうタイプの人を見かけます。

気になることは、どんどん切り捨てていく。あれも欲しい、これも欲しいと思っているけど、ほんとうに必要なものは、黙っていても手に入るはずです。無理をして手に入れたものは、そのときは飛び上がるほど嬉しくても、あとでお荷物になるものが多いのです。

日本の家は、それでなくても狭苦しいのに、電化製品や家具がひしめき合っています。それと同じことが、心についても言えます。要らないものは、増やさない。このごろは、不用品を始末するのにもけっこうお金がかかりますが、心の不用品を始末するのは、お金ではなく、気苦労という代金で払うことになります。バカみたいじゃないですか。

クルマが欲しい、地位が欲しい、異性が欲しい、人間の欲望はとめどなく、次々と欲求対象を探し出してきます。残念ながら、それらがすべて、やがては心の重しになってしまうのです。

かといって、人間の欲望はすべて悪であるというほど、わたしは禁欲主義者ではありません。欲がまったくないというのは、人間として色気のない話です。ただ、欲が多すぎると躓《つまず》きの原因になる可能性があるということです。

お釈迦さまは、快楽主義にも禁欲主義にも陥らず、中道を行けと言いましたが、人間の欲望も、ほどほどがいいのでしょう。

たとえば、甘いケーキはおいしいけれど、食べ過ぎれば肥満になるし、しまいには糖尿病になります。ですから、おいしいケーキは、たまに一切れだけ食べればいいのであって、毎日食べるものではないのです。

しかも、そのおいしいケーキを一人じゃなくて、素敵なパートナーと食べれば、もっとおいしくなることを忘れないでください。

26 ときには決断力も大事なのです

「わたしは灰色の人生を歩まされて来た」と、苦みばしった顔つきで口にする人がいますが、それは誰のせいでもなく、本人のせいです。灰色なのは、その人の人生ではなく、心です。

かといって、「人生はバラ色だ」といえるほど、人間が生きていくことは、甘いとは思いません。じつにさまざまな試練が待ち受けていて、ときには灰色どころか、真っ黒に見えるときがあると思います。

ところで、自分の人生を灰色にしている一つの原因として、決断力のなさがあると思います。もし、自分の眺めている人生の風景が灰色に見えて仕方ないのなら、思いきって、自分の立っている場所を変えてみればいいのです。

自分の居場所をほんの少しばかり変える勇気をもたずして、「人生は灰色だ」なんて愚痴るのは、申し訳ないですが、臆病だと思います。あなたの人生を決めるのは、親でも占い師でもありません。

おまえが生きているあいだは
自分の心に従いなさい。（古代エジプトの宰相ブタハヘテブの教訓）

ジレンマは誰でも経験することです。そんなときは、慌てて判断しないことです。じっくり構えているうちに、いろんなものが見えてきます。しかし、ある時点で、意を決して、右か左かを決めなくてはなりません。

能力も人一倍あり、性格もいいのに、不本意な生き方を強いられている人が、ままあります。それは他人に強いられているというよりも、チャンスがやってきたときに、自分で決断することを避けたことに、最初の原因がある場合が少なくありません。

考えてみれば、わたしは才能も頭脳も大してありませんが、決断力にだけは事欠かなかったようです。思ったことは、おおよそ行動に移してきました。そのおかげで、痛い目に遭いましたが、想像もしない幸運にも巡り合いました。

だいたいわたしは、自分の人生を振り返ってみて、つくづく「家出の人生」だったなあと思います。最初は家を飛び出して禅寺に入り、次は道場を飛び出して独り暮らしを始め、三回目は無謀にも日本を飛び出して、アメリカで学問的生活を始めました。

それからも、地を這うような苦しみが続きましたが、アメリカでの生活が安定したころに、そこからシンガポールに飛び出し、さらに五十歳のときに、家族を置き去りにしたまま、日本に戻ってきました。英語でしか教育を受けたことのない息子たちのためにそうしたのですが、今から思えば、それもまた家族からの家出だったのかもしれません。無責任な父親です。

「家出の天才」と致しましては、なんだか、このまま大学の先生で終わるような気がしておりません。そのうちに大学からも家出するのでしょうか。いつも家出は、突然、予期しない形でやってくるから、次のステップが何なのか、自分でも分からないのです。

ひとつだけ言えることは、私が何か新しい行動に出るとき、自分で決意するというよりも、目に見えない何者かに向こう岸から呼ばれているか、後ろから背中を押されているようなところがあります。そして、新しく展開する状況は、決してバラ色の世界ではないのですが、結局、それがわたしにとって、最も必要な体験であったことを、いつも思い知らされるのです。

まあ、わたしがつぎつぎと家出を繰り返し、人生の風景を劇的に変えてきたことを、決断力と呼ぶか、軽率な性格と呼ぶかについては、大いに議論の余地はありますが、蛇も生命力が旺盛なほど脱皮の回数が多いそうですから、私のたびたびの家出も、それだけ自分が元気な証拠だと思うことにしています。

現在の職場の状況に苦しんでいる人も多いと思います。まず、その苦しみが何に起因しているのか、冷静に見極めてください。苦しみにも耐えることによって、実りがあるものと、ないものとがあります。

もしも、まったく無意味なイジメなどにあっているとしたら、いつまでも苦しんでおらずに、さっさと辞めることも考慮すべきでしょう。無理にやせ我慢すると、体もこころもボロボロになって、ろくなことがありません。

そうはいっても、生活のために辞めるわけにはいかない場合は、しっかりと肚《はら》を据《す》える必要があります。逃れられない現実を、真正面から受け止める覚悟を決めてしまえば、それまで嫌だ、嫌だと思っていたことが、意外な方向に好転するかもしれません。

辞めるにせよ、辞めないにせよ、決断力を欠いたまま、自分を生殺し状態にしておくのは、こころにも体にも良くありません。苦しみ続けるか、苦しみを止めるか、最後は自分次第なのです。

27 いけないのは自分を蔑《さげす》むこと

「家出の天才」であるわたしは、じつに回り道の多い人生を歩んできました。もう少し真っすぐに、素直に一つの道を邁進しておれば、今ごろはさぞかし立派な人間になっていたと思うのですが、後悔先に立たずとはよく言ったものです。しかし、どうやらそのすべては、必要だったから体験させられていたようです。

じつは二十一歳のときにも一度お寺を飛び出し、半年あまり放浪していたのですが、そのあいだ何をしていたかといえば、料理旅館の下働き、工事現場の日雇い人夫、うどん屋の店員などでした。

そのときの体験は、拙著『文明の衝突を生きる』（法蔵館）に詳しく書いていますので、ここでは繰り返しません。ただ、当時は野良犬のように転々と職を変え、放浪生活をしていた自分に嫌気がさしていましたが、今となっては貴重な体験です。

あの挫折体験で味わった惨めな気持ちがなければ、今よりは遥かに傲慢な人間になっていたと思います。社会のどん底に落ちるというほど、ひどい目に遭ったわけではありませんが、僧侶の生活と学者の生活しか知らなければ、とうてい実社会で大地を這いつくばるように生きている人への、理解も尊敬も持つことができなかったかもしれません。

大学に籍を置いているわたしは、いかにも誇らし気に「〇×大学博士号取得」と名刺に刷って、いつも三揃えの背広をきてくるような御仁に、よく出くわします。そういう人物にかぎって、相手に社会的肩書がないと知ると、とたんに見下した態度をとったりするものです。

わたしは毎日のように、多くの国からやって来た留学生を相手に講義をしていますから、白人にも黒人にもアジア人にも人種的偏見は、まったく持ちませんが、社会的虚栄人種にかぎって嫌悪感を捨てることができません。

反対に、いわゆる庶民の中で、こだわりのない生き方をしている人を見つけると、心ひかれ、ついつい話し込んでしまいます。有名な寺院から高僧が減った分だけ、現代は巷《ちまた》にこそ、宝石の輝きをもった人物が潜んでいるようです。

このあいだも地方に講演に出かけたとき、とても魅力的な生き方をしている横川（仮名）さんという五十代半ばの男性に出会いました。もちろん魅力的といっても、自分もそのように生きたいのかと問われれば、「イエ、イエ、まさかご免こうむります」と言って、二歩も三歩も引き下がらざるを得ません。

なぜかといえば、横川さんは愚かにもギャンブル中毒がたたって、家族も財産も社会的地位もすべて失った人だからです。彼は現在、仕事帰りに酒を飲んだ人に代わってクルマを運転する代行屋という仕事をしていますが、その話の顛末《てんまつ》というのは、こうです。

名古屋で暮らしていた彼は、食品製造で事業を成功させ、有能な経営者として地元の信望も厚く、地元学校のＰＴＡ会長なども歴任していました。バブル期には、ご多聞に漏れず、事業は大いに発展し、立派なお屋敷も建てることができたのです。そのところが、人間が泡銭を手にすると、たちまち悪魔が忍び寄ってきます。そのころから、稼いだ金をどんどんと競馬に注ぎ込むようになりました。何しろギャンブルのことですから、たまには大穴を当てることもありますが、そのうちに負けが込んできます。

いったいどれほどの金を競馬につぎ込んだのですかと聞いてみれば、「ざっと二億」という答え。馬券で二億円を使うというのは、それなりに剛胆なものです。まずそれに感心しました。

なぜ二億も使ったのかといえば、じつは暴力団のノミ行為に手を出したからだそうです。ノミ行為というのが何だか知らなかったので、教えてもらいました。

それは、競馬場で馬券を買うこともなく、本人と暴力団の間だけで、競馬の賭けをすることです。これは、あきらかに違法行為ですが、勝っているかぎり、本人に実害はありません。

問題は、そのうちに負けが込んできて、賭け金まで暴力団から借りてしまうことです。それも二百万、三百万円という単位だそうです。うまく予想が当たれば、その配当金に相当する金額が本人の懐に入って、元金の返済ができますが、外れれば、借りた分だけ暴力団に借りができることになります。

借金ができても、期日まで返せばいいらしいのですが、たいていは返せません。だから、また金を借りて、大穴を当てようとします。

ときには、実際に予想が当たり、それまでの借金を一挙に返済できることもあるそうですから、このへんがギャンブルの恐ろしいところです。

さあ、これで身も軽くなった。もう二度と借金をしまい、真面目に働くぞと思ったところに、必ず暴力団からお誘いがあるというのです。

家まで外車で迎えに来てくれた上に、美しいコンパニオンから、艶《なま》めかしい接待を受けます。たしか、お釈迦《しゃか》さまも菩提樹《ぼだいじゅ》の下で瞑想《めいそう》中に、媚《こ》びを売る女性が登場してきますが、きっぱりと妄想を断ち切ります。

お釈迦さまとは違って、人の好い横川さんは、「まあ、あそこまで親切にしてもらったのだから」ということで、また接待をしてくれた暴力団から大金を借りて、賭けをはじめます。

ところが運悪く、なかなか予想が当たりません。その借金を返済するために、一層大きな金を借ります。そのパターンの繰り返しで、あれよあれよと雪だるま式に借金が増えていくわけです。

幸い、会社の運用資金には手をつけなかったので、工場まで奪われることはなかったそうですが、給料がほとんど競馬に消えていくため、奥さんは社長夫人でありながら、生活のやりくりにひどく苦しんだようです。

しかし、さすがに二億円も使い込まれると、奥さんの堪忍袋の緒《お》も切れ、離婚を申し出られたときには、横川さんはあっさりと承諾したと言います。周囲の友人は、横川さんが再起できるようにと応援してくれたそうですが、人に甘えて生きていくのは忍びないと、さっさと名古屋の街を出て行きました。

以来、地方の小さな街に流れ着いて、そこで代行屋をしているということです。

立派に社会人となったお子さんもおられるそうですが、もうこれ以上、家族に迷惑をかけたくないという気持ちから、離婚以来、一度も会っていないとのことです。しかも彼は、一人暮らしをしているときに、急性大動脈瘤乖離《かいり》という大病をして、入院までしています。以来、細々と障害年金を受けながら、代行屋で働いているわけです。

ふつうなら、ギャンブルに失敗して事業を手放しただけで、絶望してしまいそうなものです。自殺を思う人も少なくないでしょう。最近よくある一家無理心中というのも、たいていは父親の事業失敗に原因しています。

でも横川さんは、事業だけでなく、家族も財産も社会的信用も、おまけに自分の健康までもなくして、まだ明るく生きています。

かといって、自分の愚かさに反省がないわけではありませんが、その愚かさを素直に受け入れ、べつに誰を恨むわけでもなく、過去を呪うわけでもなく、今は真面目にひっそりと暮らしている。そのこだわりのない生き方に魅力を感じるのです。

ご本人に「また競馬をやりたくならないのですか」と尋ねてみたところ、「もう馬券を買う金もありませんから」と笑って答えます。

わたしが彼に魅力を感じるのは、過去に営々と築き上げたものへの執着がないことと、それだけ愚かなことをやってのけた自分を蔑《さげす》んでいないことです。

哀れといえば哀れですが、何かそこに、わがままいっぱいに生きてきた人間だけがもつことのできる、一種の清々しさを感じます。

彼にちょっと失礼なことを聞いてみました。

「横川さん、あなたは世間に大恥をさらして、生きているようなものなんですよ。だけど、どうしてそんなに明るいのですか。」

「はあ〜、わたしは嫌なことはすぐ忘れることにしているんです。それで、イイことだけを考える。」

「イイことだけを考えるなんて言ったって、ぜ〜んぶ失ったじゃないですか。」

「でもね、これだけひどい生き方してきたのに、わたしはどこに行っても、いつも仲間に恵まれていまして、それだけでありがたいのです。」

あっぱれなものです。人間というのは、そういうものなのです。とんでもない失敗をしても、それを素直に受け入れて反省し、人を恨まず、自分を蔑むことなく、淡々と生きていけばいいのではないでしょうか。

世間的な成功を重ねて、「オレは偉いんだ」などと思い込んでいる人間よりは、愚かなしくじりの中に、自分のありのままの姿を見い出した横川さんのような人のほうが、よほど魂の修行ができているような気がします。

もちろん、ご本人ではなく、家族の立場に立てば、「冗談じゃない。わたしたちをあんなひどい目に遭わせた人間を許すことなんかできない」と憤りをあらわにされるかもしれません。まことにその通りだと思いますが、そういう人を夫として、あるいは父としてもつことにも、なにかの意味があったはずです。

そういうときは、いつまでも否定的な感情を引きずらずに、心機一転、自分たちの生活を立て直すことに専念されるのがよいと思います。

28 あなたが主人公なんです

多くの人が陥っている錯覚があります。それは社会的地位に、大事なものと、そうでないものがあるという考え方のことです。権力、名声、財産を手に入れた人が、人間社会という舞台の中心で活躍できる運のいい人で、あとは中心から外れたマージナル（周辺）な人という幻想が、一般的に共有されています。

そんなことはないのです。みんな世界の中心にいます。それぞれがそれぞれの場所で輝いているのです。その輝きが見えないのは、われわれの心が曇っているからです。

自分がいま生きている境遇は、偶然ではなくて、必ず意味があります。その境遇を大切に生き切ればいいのです。人を羨ましく思う必要なんてありません。自分が人生という一大ドラマの主人公なのです。

いわゆる引きこもりの人は、自分と他人を比べて、自分が何をやっても人並みのことができない、だから社会に出て行けないと思い詰めている人が多いといいます。それでいて、一日も早く社会復帰して、自立した生活をしなくては、という焦りもあるようです。

とすると、引きこもりをする人というのは、基本的に真面目な性格をしておられるのにちがいありません。世の中には自分はダメ人間と分かっていても、誰に遠慮するでもなく、楽しく生きている人もゴマンといるわけですから。

引きこもりから抜け出すためには、まず自分と他人を比較する心を捨てることが第一歩だと思います。べつにドジでも、ノロマでもいいのです。自分が自分であることに、自信をもってください。

人間社会は、動物園のようなものです。パンダとか、ゾウとか、いつも人気の動物もいますが、彼らだけでは動物園が成り立ちません。キツネもタヌキも、蛇もトカゲも、みんな動物園には欠かせない動物たちです。

そして、動物園の動物は、ぜんぶがぜんぶ檻の中に入れられて、窮屈な生活を強いられています。ほんとうは、みんな大自然の中で、自由に動き回りたいのです。その窮屈さは、この世に暮らす人間が感じる窮屈さに通じます。

人間社会という名の動物園では、キツネがパンダになることに幸せがあるのではなく、キツネの幸せもパンダの幸せも、檻の窮屈さから解放されること以外にありません。

残念ながら、人生という鉄製の檻を壊すことはできませんが、心を解放することはできます。われわれの幸せは、心の自由以外にないのです。人を羨むことは、心の自由にとって、いちばん良くないことです。

悪を正して、善に導くべき、と説く者もいる
だがそれもまた、うたかたの熱意にすぎぬ
勝った負けたも、個と自我の実在を信じ込ませる罠にすぎぬ
わしはただ俗塵を離れた心でいたい

青い空に白い月
風が澄んだ空気を運んでくる（『狂雲集』）

これはトンチで有名な一休さんの詩です。彼は坊さんのくせに、晩年は若い女性との熱い恋の生活に明け暮れしました。表面的には、反社会的で反道徳的な振る舞いに出たわけですが、彼の心境には「青い空に白い月」のように澄み切ったものがあったのでしょう。

一休さんのように過激な生き方をするかどうかは別として、せめて彼のような心の自由を味わいたいものです。今、世間の脚光を浴びて生きている人も、前世では、誰からも顧みられない寂しい人生を生きていたかもしれないのですから、羨むことはありません。

肉眼には不公平に満ちたように見える世の中ですが、心眼を開くと、すべては平等に出来ているのです。京都には、平等院や等持院と呼ばれる有名なお寺がありま す。あれは、「幸せになるタネは、みんなが平等に持っていますよ」という仏教の教えに由来する名前にほかなりません。

自分に与えられた境遇を感謝して生きる。それが、人生の極意です。ですから、あまり何事も難しく考えないでください。今のままのあなたで、パーフェクトなのです。

29 うつ病になる人は真っ当な人間です

誰だって風邪を引くものです。将来、医療が発達してガンやエイズがなくなったとしても、たぶん人類は風邪を引き続けているでしょう。丈夫だと偉そうに言っているわたしも、お寺でオタフク風邪を引いて、ぶっ倒れたことがあるのです。

それはタクアンを漬ける作業の日でした。タクアンというのは大寒《だいかん》のときに漬けるといいというので、骨まで冷えわたる真冬の空の下、大根、米ぬか、それに塩と格闘しながら、一人で四斗樽《しとだる》十二個分、漬け込んでいました。

仕事をしている間、なんだか体が熱っぽいなあと思っていたのですが、やれやれと仕事を済ませたとたん、こめかみのへんが異常に痛くなってきました。

雲水《うんすい》は多少の熱ぐらいで寝込まないので、わたしもなるたけ平生を装っていたのですが、そのうちに起きておれないぐらい、熱がどんどんと上がっていきました。

夜中に東司《とうす》（トイレのこと）に行き、手水鉢《ちょうずばち》で手を洗ったところまでは覚えているのですが、あとは目の前が真っ暗になって、気絶してしまいました。何しろツルツルのハゲ頭だったわけですから、打ちどころが悪ければ、たいへんです。実際の話、しばらくして気がついたのですが、もう少しで固い石でできている手水鉢に頭を打ち付けるところでした。

翌日、やってきたお医者さんに、これはひどいオタフク風邪だと診断された次第です。おまけに、高熱で精子がダメになった可能性が高いので、将来、結婚しても子供ができないかもしれないと警告されました。当時は一生、独身のつもりだったので、何も気にしませんでしたが、うかつにも結婚してから、その出来事を思い出して家内に話したら、ものすごい非難を受けました。

念のために大学病院で調べてもらったら、案の定、子供は諦めたほうがいいと言われたのですが、なぜかわたしには、ちゃんと自分と顔が似ている二人の息子がいますから、きっとヤブ医者だったのでしょう。

さて話を元に戻せば、誰しもときどきは風邪を引くわけですから、これだけ冷たい世間の風に当たって、心も風邪を引いて不思議ではありません。それが、うつ病です。うつ病で苦しんでいる人も多いと思いますが、あまり深刻にならないで、風邪と同様に、そのうちに治ると思ってください。

バカは風邪を引かないといいますが、心の風邪であるうつ病にならないというのも、ひょっとしたら、バカなのかもしれません。うつ病になるというのは、人間として極めて健全なことなのです。

これだけ心痛ましい出来事に満ちた世界に生きて、落ち込まないほうがどうかしているというのが正論です。うつ病に苦しむ人は、それだけ感受性が豊かで、性格が正直であるという証拠です。

もっとも、わたし自身は本物の風邪を、もう十年以上も引いたことがないので、相当にバカなのかもしれません。なぜ風邪を引かなくなったかといえば、毎日のように水泳したり、乾布摩擦したり、水風呂に入っているおかげだと思います。

以前はよく扁桃腺が腫れましたが、今はあまりそういうこともありません。知らぬ間にわたしの体にも、風邪の菌に対する抵抗力ができたのでしょう。風邪を引かないコツの一つは、横でゴホンゴホンと咳をしている人がいても、「絶対に自分は風邪を引かない」と、自分自身に言い聞かせることです。ウソみたいな話ですが、ホントの話です。

だから、心の風邪であるうつ病にも、心の鍛え方次第では、引かなくなるかもしれません。ちょっと考えてみるだけで愉快になるのですが、たぶん心をゴシゴシと乾布摩擦する方法というのもあるかもしれません。ちょっとやそっとのハプニングで動揺しない心が手に入れば、しめたものです。

でも、もうすでにうつ病になっている人は、しばらくはジタバタしないのが、いちばんだと思います。風邪を引いたときも、学校や会社を休んで、家でゆっくり休養します。熱があるのに無理をするとこじれてしまって、肺炎やら他の疾患に発展する可能性があります。

いっぺん風邪を引いてしまうと、安静にして熱の下がるのを待つより仕方ありません。その間、薬を服用したり、注射をしたりすることもあるでしょうけど、結局のところ風邪を直してくれる最良のクスリは、時間です。自分の肉体の中に回復力が備わっているのですから、時間さえかければ、治りたくなくても治るのです。

うつ病もこじらせると、もっと重い心の病気になるかもしれませんから、ゆっくり休むのがいちばんです。どれだけ熱が高くても、汗をかいたりするうちに、風邪は治るものです。辛い心の苦しみがあっても、うつ病は必ず治るという安心感が大切です。

焦らないで、本を読んだり、音楽を聞いたりして、回復の時を待ちましょう。すっかり塞ぎこんでしまったあなたの心に、熱～い卵酒でも飲ませるようなつもりで、「I　LOVE　ME！」と大声で叫んでみてください。

ときどき何をやってもうまくいかないときって、誰にでもあります。「今度こそは」と思って、頑張ってやってみても、やっぱりうまくいかない。

そのうちに、もうやけくそになって、もうどうにでもなれ、と思うものです。こういうことは、何かに真剣に打ち込んでいる人ほど、よく体験するのかもしれません。いい加減に、中途半端に取り組んでいれば、焦るということもないでしょう。で、そういうスランプがやってきたときには、何もしないで寝っころがるのが、いちばんです。できたら、天井ではなく、空が見えるところがいいです。

雲がぷかぷかと浮かんでいるのを、ただぼんやり眺めていれば、それでじゅうぶん。そのうちに、元気が回復して、ツキが向いてきます。

大空に漂う雲は、形が千変万化ですが、みんな天使かホトケさまだと思って眺めれば、心も慰められます。どんなにヘマをしても、あなたを優しく見つめてくれているのです。雲をぼんやり見ているだけで、神さまの愛を感じることができれば、しめたものです。

何を隠そう、このわたしも、ちょっと気の弱いところがあるので、ひょっとしたら、自分はうつ病かなと思うことがあります。でも、わたしの場合、うつ病の特効薬があるので、安心しています。それが何かといえば、朝の太陽。

毎朝起き抜けに、雨が降っていないかぎり、下駄をはいて、散歩に出かけます。わたしの住んでいる団地の近くに農学部の菜園があるので、朝露に濡れる草の道をぶらぶら歩くのです。とても気持ちがいいものです。

そのうちに東の空から太陽が昇ってくるので、それに向かって深呼吸を何度も繰り返します。たった、それだけのことですが、なんとなく太陽から元気やら、幸運やらをもらえそうな気がして、欠かせない日課になっています。

それにしても、いつもいつも元気で、せかせかと忙しく働くなんて、寂しい人生じゃありませんか。たまには、わけもなく落ち込んだり、シクシクと泣いてみたり、亡くなった家族や友人のことをしみじみと思い浮かべたりする時間があってこそ、人間なのです。

うつ病さん、どうもありがとう。

30 日本が嫌ならアフリカの大地に生きよ

日本は自殺大国です。年間に三万四千人以上、一日計算で約九十人もの人が、みずから命を絶っています。これは、どう考えても異常です。その多くが首都圏に集中していますから、東京に暮らしていると、まともに自殺者の遺体を目にすることがあります。そのたびに、思うことがあります。

「あ～あ、よっぽど何か辛いことがあったんだろうなあ。そんなに思いつめていたのなら、一言、わたしにでも相談してくれれば良かったのに。」

といっても、このわたしに、その人が自殺するのを思いとどめさせるだけの自信があるわけではありません。無力なわたしに、せめてしてあげられるのは、別な死に場所を勧めることです。

たとえば、アフリカ。通勤電車の鋼鉄製の車輪に轢《ひ》かれて、寒々とした死に方をするより、アフリカの大草原でライオンにでも、舌舐《な》めずりされながら、がぶりと喰われたほうが、よっぽどロマンチックではありませんか。

でも遥かアフリカまで出かけていって、無限の空と大地を見たら、きっと日本で悩んでいたのが、馬鹿馬鹿しくなって、思わず笑い出してしまうかもしれません。そうです。たいていの悩みは、こんな狭い日本に閉じこもっているから、やけに深刻に、大きく見えるだけなのです。死にたくなったら、有り金をぜんぶはたいて、思いきり遠くに行ってみたらどうでしょう。

でも、どうせアフリカに行くのなら、ライオンに喰われるよりも、もっと「死に甲斐のある生き方」があるので、自殺願望のあるあなただけに、そっと耳打ちすることにします。

それはＨＩＶ感染者が五千万人近くいるとされているアフリカで、一人でも多くの人を助けながら、命果てることです。資金、食糧、薬品、設備が極度に不足する中で苦しんでいるエイズ患者に、すでに死を覚悟したあなたがしてあげられることが、きっとたくさんあるはずです。

そんな命懸けの医療ボランティアを三十年以上も続けている日本人看護婦がいます。それは現在、中央アフリカ共和国でエイズと闘っている徳永端子《みずこ》さんのことです。

彼女の活動を支えているのは、「アフリカ友の会」という小さなＮＧＯですが、わたしは彼女の人間的な強さに圧倒されます。

毎日、腐乱したような肉腫に全身をおおわれたエイズ患者に正面から向き合いながら、ひどい条件の中で治療をしている彼女自身も、マラリアやアメーバ赤痢で何度も命を落としかけています。

何千人、何万人というエイズ患者の死を看取って来た彼女は、宗教家よりも深い死の洞察をしています。


子供から大人まで寿命の長短はあれ、地球上に立派な生の証を刻んだ人々であり、彼らの死は美しかった。死を美しいと表現するのは語弊があるようにも思うが、死を看取っていると死を美しいとしか表現できない時がある。精いっぱい生きて一生を終わろうとするときも、精いっぱい生きている時と同じく美しく輝いて私には見える。

（徳永端子『シンギラ　ミンギ』サンパウロ）

もし、毎日が空しく感じられて仕方ない人がいたのなら、あるいは今日もまた、自らの死を思う人がいたのなら、そんな美しい死を自分の目で確かめに、アフリカまで出かけて行きませんか。

アフリカにかぎらず、人類の半数以上の人が貧困に苦しんでいるわけですから、どうしても日本での暮らしに行き詰まったなら、外国に渡って、そこで自分の命を捧げるつもりで頑張ってみたらどうでしょう。

日本では貧乏人でも、外国に行けば大金持ちかもしれません。ごちそうを作ってくれる人、掃除や洗濯をしてくれる人、クルマの運転をしてくれる人たちを雇って、まるで王侯貴族みたいな生活ができるかもしれないのに、こんなに狭い日本で死に急ぐのは、もったいない、もったいない。

第一、お金がなくても、知識や技術を活かして貢献できることは、いくらでもあるはずです。親に育ててもらった大切な体を、飛び込み自殺や飛び下り自殺で、粉々に破壊するようなことは、絶対に止めてください。

それでもどうしても死にたいというのなら、せめて、お腹を空かせて草原をさまようライオンの前に、身を横たえてください。そうすれば、きっと来世は、アフリカの大地でライオン・キングに生まれ変わりますよ。

31 魚一匹だけのごちそう

わたしは、ミャンマーの首都ヤンゴンで講演をしたことあります。それは日本国際交流基金の派遣事業の一環として、海外の人々に日本のことをよく知ってもらうために開かれる講演でした。

予定では、ミャンマー国立博物館で講演するはずだったのですが、わたしが民主化運動の話でもすると思ったのでしょうか、直前になって軍事政権がクレームをつけてきました。それで急遽《きゅうきょ》、日系のホテルに場所を移して話すことになりました。

わたしの講演のテーマは、「〈優しさ〉の文明論」と銘打つもので、アメリカのような個人の能力重視の競争社会にはない、自然と一体となった共同体でこそ育まれる人間の〈優しさ〉について、文明史の観点から論じました。

まず驚いたのは、わたしが英語で講演したのに、三百名あまりの人たちが熱心に耳を傾けてくれたことです。ミャンマーで英語が話せる人は、そう多くありませんから、そこにいた人たちは、いわゆる有識者が多かったのかもしれません。

それと東南アジア全般において、人々はどちらかといえば、はにかみ屋で、あまり人前で堂々と意見を言わないと思っていたのは、わたしの勘違いでした。講演後も、時間切れになるほど、たくさんの質問を受けました。むしろ、高学歴化社会の日本人のほうが、よほど表現力を欠いているようです。

わたしは講演先で、少しでも時間があると、現地の人々の生活を垣間見るようにしていますから、そのときも、ヤンゴンから二、三時間離れたところにある陶芸の村をたずねました。陶芸といっても、そこでは水を溜めるための大きな壺ばかりを焼いています。

走っているうちにバラバラに分解してしまいそうなオンボロジープで、でこぼこ道を飛ばして行くので、くたくたに疲れました。着いた先は、ひなびた村でしたが、昔ながらの登り窯がいくつもありました。燃料は、ふつう日本なら松ですが、さすがそこではマンゴーの木が使われていました。ちゃんとした道路がないため、焼かれた大壺は、川を利用して舟で運び出しています。

驚いたのは、薄暗い土間に一日中座りこんで壺を作っているのが、全員小作人だったことです。窯主に、とんでもない安い賃金で雇われているのだと思いますが、たいていは夫婦一組で、奥さんが手でろくろを回し、ご主人が手際よく壺を捏《こ》ね上げていくのです。

粘土を運んできて、それを中腰になったまま、黙々と水と撹拌している人たちもいました。奴隷制というのは言い過ぎだと思いますが、その言葉を思い出すほど、過酷な労働環境です。

そのような窯のひとつを見て回っていたとき、ちょうど昼御飯の支度をしている年配の女性がいました。何を作っておられるのか、好奇心から覗きこむわたしに、何かを話し掛けています。

わたしはビルマ語を理解しないので戸惑っていると、美しい娘さんが現れて、片言の英語で「食事をわたしたちと、一緒にしていきませんか」と言うのです。日本でも「京のぶぶ漬け」ということがありますから、お愛想だと思ったのですが、思いのほか真剣に招いてくれています。

見ると、近くの川で捕れたと思われる小さな魚一匹を、わずかの油で丹念に揚げているところです。てっきり一人分かと思ったのですが、どうやらそれが家族全員用なのです。ほとんど、その気になっていたわたしですが、あまりにも申しわけなく、結局のところ遠慮しました。

途上国によっては、執拗な物乞いを受けるところがありますが、ミャンマーの片田舎では、まったくそんなことはありません。彼らの貧しさがどれぐらいかといえば、その村の風景を見て、わたしが最初に連想したのが、日本の弥生時代の集落だといえば、おおよそ理解してもらえると思います。

そんな生活環境の中で、突然やってきた異邦人に、川魚一匹だけがおかずとなる食卓に招いてくれた家族がいるのです。わたしの収入は、おそらく彼らの何百倍かあると想像しますが、あの人たちのほうが、自分よりも数百倍も豊かな心の持ち主であることを思い知ったのです。

名前も聞かずに別れてしまったあの家族に、今も感謝の気持ちでいっぱいです。

32 旅は人を賢くする

ちょっとこのへんで哲学的な話をさせてください。でも、ご安心を。それは「旅は人を賢くする」というマッチー式単純哲学のことです。

戦後日本は、奇跡的な経済復興を遂げて、国民はその恩恵に浴するようになりました。それはそれで素晴らしいことなのですが、やはり人間は長くぬるま湯に浸かっていると、甘くなります。

そういう意味で、いろんな試練を与えてくれる旅をすることは、魂の成長にとって、とても大切なことなのです。パック旅行に入って、「上げ膳、据え膳」の旅をしても、大して学ぶことはありませんが、自分で計画して、遭遇した困難を一つひとつ乗り越えていく旅は、じつに人間を賢くしてくれます。

できれば、先進国よりも、いわゆる途上国に向かったほうが収穫は大きいでしょう。アメリカもヨーロッパも素晴らしい文明をもっていますが、現代日本人の魂に必要な栄養素は、先進文明以外のところにあるように思います。第一、安全で清潔な先進国は、高齢者になってからでも訪れることができますが、生活環境が厳しい途上国は、若くて元気なうちに行っておいたほうがいいのではないでしょうか。

ということは、それだけ不便で、危険度の高い旅になるかもしれません。決して無謀な旅は勧めませんが、武者修行のためには、多少のリスクがあったほうがいいのです。最後に頼りになるのは、ガイドブックではなく、自分の判断力だけです。現場の状況から、右へ行くべきか、左へ行くべきか、即座に直感を働かせなくてはなりません。どこかに思いがけない落とし穴があるかもしれません。近づいてよいところ、いけないところを判断する鋭い嗅覚が必要です。

うっかりその判断を間違うと、命を落とすことだってあります。飲み水の確保も死活問題です。そのような体験が、それまで眠っていた感覚を呼び覚ましてくれるのです。

日本は相対的に気候温暖ですが、途上国は土地柄によっては熾烈な暑さや寒さに見舞われます。日本で暑いの寒いのと愚痴っていた自分が、いかに甘ったるい人間であったかを思い知るのは、そういうときです。

旅の道中では、思いがけない病気やケガをする危険性もついて回ります。熱を出さない、下痢をしないだけでも大したものだと思いますが、国によっては、日本には存在しないウイルスやバクテリアがうようよしていますから、われわれの肉体は、そういうものに対して無防備です。

　何かあったときに、すぐ近くに病院があるほど、途上国の生活は恵まれてはいません。わたしは知らない国に行くと、たいていは病院を覗いてみるのですが、場所によっては医療器具も薬品もほとんどなく、患者が板の間に寝かされているだけのところもあるのです。そんな地域を旅してサバイバルをするのは、並み大抵なことではないのです。

　旅は人間の魂を強くします。わたしも戦後生まれですが、戦前・戦中派とちがって、わたしたちはほんとうの意味で耐乏生活というものを知りません。知らず知らずのうちに、ぜいたくに慣れてしまっています。

　かといって、日本が再び貧しくなればいいと考えているわけではありませんが、ひと昔まえの日本と似た状況は、途上国に行けば目の当たりにできます。ですから、とくに若い人には、武者修行のつもりで、ぜひ海外旅行に出てほしいのです。

　できれば、単に観光地を見て回るのではなく、目的意識をもって出かけてください。たとえば、どんな食文化があるかなど、きわめて具体的なテーマでもいいのです。ぼんやり旅しているよりも、このことだけは見届けてやるぞ、という気持ちがあるほうが、発見があるのです。

わたしの場合、民俗信仰に関心があるので、村びとが何を拝んでいるのか、どんな宗教儀礼を営んでいるのか、そういうことに注意を払いながら旅をします。どちらかといえば、宮殿や遺跡などよりも、今生きている人間の生きざまに強い興味を持ちます。

一例をあげると、ミャンマーの田舎に行くと、大木の幹のところに、小さな棚が作られていて、その上に小枝が奉納されています。それに向かって、村びとたちは手を合わせています。しめ縄こそ張ってありませんが、こういうものに出合ったときは、日本神道の原型を発見したようで、とても嬉しくなります。

ちょっとした意識の違いが、旅の深まりをもたらしてくれるのです。旅に出る前に、自分の頭の中に何かのテーマを設定してください。それはカメラにフィルムをつめるよりも、はるかに大切なことだと思います。

33 ボランティアは最高の遊び

旅の次にお勧めしたいのが、ボランティア活動です。今はちょっとインターネットをサーフするだけで、いろんなボランティア・グループが見つかりますから、自分にいちばん合った活動を見つけることができます。

自分のためだけではなく、人のために時間や労働を割くということは、人間としてとても大切なことだと思います。とくに日本には、徴兵制という忌わしい義務がないわけですから、率先して社会奉仕をしていくべきでしょう。

わたしの場合はどの組織にも属さず、個人的にボランティアをしています。活動の場所は病院ですが、そこには難病の方たちばかりが入院しています。難病というのは、たしかな治療法が確立されていない厚生労働省指定の病気のことです。

筋ジストロフィーのように先天的な病気もありますが、たいていはパーキンソン病や多発性硬化症のように、後天的な病気に患者さんたちは苦しんでおられます。誰でも、いつどこでそのような難病にかかるか分かりません。

歩行ができない。寝返りが打てない。震えが止まらない。全身が針に刺されたように痛む。話ができない。自力では呼吸ができない……などなど。その苦しみは、とうてい健康な人間に想像もできないことです。

そういう人たちを前に、口先だけの慰みごとは通用しません。そんなことをすれば、かえって患者さんたちを傷つけてしまいます。そういうときにどうすれば良いのか、マニュアルはありません。一個の人間として、真正面から向かっていくより道はないのです。

わたしの場合は、明るく話しかけながら、軽く体をさすったり、ただ手を当てていたりすることが多いです。それ以上のことができないところに、悔しさを感じます。だけど、どうしようもないのです。

わたしはボランティアをさせて頂きながら、奉仕というよりも、自分のほうが学ばせてもらっていることのほうが、遥かに大きいことを知っています。

本を書いたり、講演をしたりして、人前でもっともらしいことを語る自分が、いかに未熟で傲慢《ごうまん》な人間であるかを知るのも、患者さんを前にしたときです。

生存することだけに百パーセントの力を注ぎ込んで生きている人と比べれば、たいていの人間は、自分がどれだけ恵まれた境遇で、ぜいたくな生活をしているか思い知るはずです。

たまたまわたしの場合は、病院ボランティアをしているわけですが、人それぞれですから、自分に実行可能なものを選べばよいと思います。大事なことは、それをできるだけ長く続けることです。自分の魂が変容を遂げるためには、やはり時間がかかるのです。

ただし、ボランティアをしているからといって、気負わないほうがいいと思います。何か自分が特別立派なことをしているなどと思うのは、まだボランティア活動が自分の一部になっていない証拠です。

鳴りもの入りで慈善をしてはならぬ。それは偽善者が立派な人だと言われたがって、集会所や街頭ですることだ。それでは世俗の褒美を貰ってしまったことになる。人にわからないように慈善をしなさい。右の手のしたことを左の手が気づかないほどひそやかに。（マタイによる福音書六：二）

それと、もう一つ大事なことは、奉仕をする人と、奉仕をされる人の間に、何らかの上下関係があるわけではないということです。「困っている人をわたしが助けてあげているのだ」などという意識をもつなんて、とんでもないことです。ちょっと表現がまずいかもしれませんが、ボランティア活動も遊びだと思ってやるのがいちばんです。もちろん、そのことは不真面目に、適当にやるということではありません。ボランティアも真剣勝負ですが、遊び心をもってやるのがいいということです。

わたしは人に語るにも値しない信念をいくつか持っています。そのひとつは、「勉強上手は、遊び上手」ということです。

本を読む勉強ばかりしていては、大事なことを見落としてしまいます。外に出て、思う存分、羽を伸ばすことによって、また全くべつなことに気づいたりします。遊び下手は、仕事下手でもあるのではないでしょうか。

しかし遊園地に行って遊ぶよりも、ボランティアをして遊ぶほうが、よっぽど充実感があります。わたしには思春期の息子が二人いますが、夏休みになると、ボラバイトというボランティアとアルバイトを半分ずつ、くっつけたような仕事をさせています。

二人とも夏休み以外は日本で暮らしたことがありませんが、長男は信州のキャンプ場で、次男は北海道の果樹園でというふうに、肉体労働をさせています。

彼らが日本に戻ってくる前に、わたしが勝手に決めてしまうので、また親父の独断かとばかり、二人とも最初は嫌がっていましたが、実際にやってみると、毎日がとても充実しているみたいです。ふだんは大学や高校で勉強に追われていますから、休み中ぐらいは体を張る労働者になってほしいと思っています。

わたし自身も病院ボランティア以外に、少しでも余暇があれば、屋外で遊ぶようにしています。信じられないような忙しいスケジュールでも、海や山での遊びだけは欠かしません。それが自分の元気の素だと信じているからです。

34 嫌なことも正面から受け止めてみる

ある大手新聞社の人事部長と話をしているとき、入社後しばらくすると、あっけなく辞めてしまったり、引きこもりになってしまったりする新入社員が多くて困るということでした。

入社前に自分たちがジャーナリズムに描いていた理想と、入社後に体験する日常業務の差が大きいことに耐えられないらしいのです。この新聞社にかぎらず、新入社員のひ弱さに頭を悩ませている企業はゴマンとあると聞きます。

なぜ、こういう事態が生じるようになったかといえば、現代社会から、子どもから大人になる区切りが曖昧《あいまい》になってしまったからです。

その区切りのことを学問的には、イニシエーション、つまり通過儀礼といいますが、子どもが大人になるために、どうしてもくぐらざるを得ない関門が、社会から消えてしまったように思えます。

ひと昔まえまでは、そういう関門をくぐり抜けてくることを若者に求めない共同体は、まずなかったでしょう。いわば、それは人生の関所みたいなもので、そこで厳しいチェックを受けることによって、これから始まろうとする大人への旅立ちを許されるのです。

今でも未開の地には、まだ幼さの残る少年が単身でジャングルに入って、大きな獲物を仕留めて来なければ、大人として認めないという掟《おきて》を守っている部族がたくさんいます。

首狩り族の少年は、他の部族の男の首を取って来なければ、一人前になれませんでした。それも、できるだけ強い男の首を持ち帰って、その脳みそを食べれば、自分も強くなれると信じていました。

それと同じように、アイヌのイオマンテ（熊祭り）ででも、鏑矢《かぶらや》を放つのは、思春期を迎えた少年です。しかも、彼もまたカムイである熊の脳漿《のうしょう》を食べます。それは野蛮でも何でもなく、子どもが大人になるための祝祭なのです。

高い山に一人で登ったり、沖に浮かぶ島まで海を泳ぎ切ったり、大きな岩を飛び越えたりと、通過儀礼では、つねに具体的な形の試練が与えられていました。失敗すれば、村びとたちから、まだ半人前と見られるわけですから、少年たちはその日に備えて必死になって心身を鍛えます。

現代社会では、そういう試練を課すことは非人道的なことと受け止められたのか、ほとんど残っていません。ですから子どもたちは、大人になったという自覚を曖昧にしたまま、社会人となっていくのです。幼児体験を抜け切っていない大人が、世に溢れかえっているのも、無理のないことです。

腑甲斐ない上司のために苦しむ社員がよほど多いらしく、バカな上司をどうやり過ごすかというマニュアル本が、よく出回っています。タバコではなく、乳しゃぶりでも銜《くわ》えて出勤してきたほうがいいような管理職が、日本中の企業に溢れかえっているような気がします。

とくに日本の成人式ほど、意味のないものはありません。自治体が主催して、そこに着飾った若者がやってくる。それもよりによって、みんなが同じようなファッションで集まってくるのを見ると、愕然とします。いったい君たちの自尊心と個性は、どこにいったのと聞きたくなってきます。

おまけに、来賓の祝辞などが始まると、わけもなく騒ぎ出す。まるで駄々っ子をかき集めたようなイベントになっています。成人式を迎える度に、わたしは日本の将来に暗澹《あんたん》たるものを感じてしまいます。

もちろん、スポーツなどを通じて、真剣勝負の日々を送っている若者たちもいます。汗水を垂らしながら、そして時には悔し涙を流しながら、素晴らしい人間的成長を遂げていく姿は、感動的です。何か一つ、命がけで打ち込めるものをもつ人間は、最高にラッキーな人です。

大学入試も若者にとっては、ひとつのハードルでしょうけど、あれは学習能力をチェックしているだけで、全人格的なチャレンジとは言えません。失敗しても何ということはないし、第一希望以外の大学に行くこともできます。

したがって、若者が就職後に直面する困難については、それを自分が初めて体験する通過儀礼と考えて、なるべく真正面から受け止めてほしいのです。踏ん張っているうちに、人間としての器が大きくなるものです。

ちょっとばかし嫌なことがあったからといって、転職を重ねておれば、ついに子どもから大人への関門を通過する機会をもたないまま、心の未熟児に終わってしまう恐れがあります。

ちなみに、わたしの場合、どんな通過儀礼があったかといえば、まずは十四歳で風呂敷包みひとつで家を飛び出したことが、それに相当しているかもしれません。

また禅宗では、雲水として道場に入るときも、独特の通過儀礼があります。門前で三日間、朝から晩まで土下座をし、それが耐えられたなら、はじめて中に入れてもらえます。それから、誰もいない本堂で二日間、坐禅をします。話し相手は壁だけです。その孤独に耐えた者のみが入門を許されます。

新しいことにチャレンジをすれば、それなりの苦痛を伴います。でも、それがいいのです。若いときにぬるま湯に浸かったような環境にいれば、あっという間に心も体も老け込んでしまいます。

若いうちに幾つものハードルを飛び越えてくることは、その人の人生にとって大きな財産になるにちがいありません。自分で決意して、それを勇敢に行動に移していく。その結果、たとえ痛い目に遭ったとしても、あなたはひと回りも、ふた回りも大きく成長しているでしょう。

35 運勢好転の秘訣があるんです

最近は、宗教の力が弱まった分だけ、人々は占いに頼ろうとします。「当たる」という噂がたった占い師のもとには、長蛇の列ができます。インターネットでも占い関係のサイトがいっぱいありますから、よほど人気があるのでしょう。

誰でも、自分の運勢が気になるものです。できれば、「あなたはいい星の下に生まれている。きっと幸せになる」などと言ってほしいものです。ところが、そうは問屋がおろしてくれないのです。

強い運勢をもっている人でも、どこかに躓きの星をもっていたりしますし、反対に弱い運勢でも、人にない美徳を備えていたりもします。完全に整った運勢なんて、まずないと考えてよいでしょう。それでこそ、人間です。

われわれは、躓きながら学習するのです。いつも完全舗装の高速道路を突っ走るような人生では、学ぶものが少ないのです。トコトコと田舎道をゆっくり歩くような生き方のほうが、味わい深いものがあります。

しかし、もしほんとうに運勢というものがあるのなら、誰でも人間関係、経済状態、社会的地位などにおいて、少しでもいい運勢にめぐり合いたいと考えています。それが人情というものです。

そこで、とっておきの運勢好転の方法があるんです。

それは、自分にとって最悪と思われる状況に対して、どこまで感謝できるか、によって決まります。誰でも、「最悪！」と叫びたいような心境に陥ることがあるものです。

しかし運勢が好転するのは、そういうときです。最悪と思われるものを、どこまで自分の懐深く受け入れることができますか。文句を言うのは、易しいことです。誰にでもできます。イヤなことを目の前にして感謝するというのは、並み大抵ではありません。

大嫌いな親、配偶者、上司、同僚などがいたとしたら、その人たちに対して、あなたがどういう態度を見せるか、それはその後の運勢を決定する上で、じつに重要なことなのです。

イヤだと思っていたものを抱き締めてみる。イタリアのアッシジという町に生まれた聖フランシスは、皮膚のただれたハンセン病の人を見かけたとき、思わず恐怖におののきますが、思い返して、その人を力いっぱい抱き締めたとき、はじめてイエスの愛が実感でき、涙が止まらなかったそうです。

わたしたちは、イヤなことから逃げようとします。だけど、それでは魂の向上がないのです。イヤなことは、わたしたちに必要だから与えられているのです。もはや、イヤと思う心がなくなったとき、イヤなものは来なくなるのです。

何が来ても、「ありがとう」の心を忘れないことです。たとえ、それが最悪と思われることであっても。

もちろん、何かの被害を受けて、それを泣き寝入りしなさいと言っているわけではありません。社会人として、主張すべきことは主張するのが当然です。むしろ日本人は、そういう点において、変におとなしすぎるようなところがあります。

しかし、たとえ訴訟を起こすようなことがあったとしても、自分の内面世界では、起きてきた運命に対して、感謝の心を忘れてはならないと思います。偶然に起きたことではないのです。何か意味があって、あるいは必要があって、あなたの身の上にそれが降りかかったのです。

かといって、決して自分を責めないでください。それは、その困難な出来事をまるごと呑み込んでしまうような大きな心を養う最高のチャンスが与えられたということなのです。

人生は、ときに辛く悲しい出来事をもたらしますが、その辛さは無駄ではないのです。あなたの心、あなたの気づき次第では、その辛さも朝の陽光を受けた霧のように、消えてしまうものなのです。最悪と思われる現象に対して、決して逃げの姿勢を見せないでください。

幸せも、喜びも、ほんの少し先にある柱の陰に隠れているのです。ちょっとばかり前進して、それを自分の手でつかまえてください。

36 あなたはいつから禁欲主義者になったのですか

生物学的にいちばん元気であるはずの若者に、覇気《はき》がない。好き勝手に気楽に生きているようでいて、ガッツが感じられない。なんだかフニャーとしている。

居酒屋で節度なく大声で騒ぐ割には、教室では半分死んでる。社会に対する憤りは、ほぼゼロに近い。というよりも、ろくに新聞も読んでいないから、今、世界で何が起きているのか知らない大学生が少なからずいます。

過激な政治運動に走った六十年代の学生に行き過ぎがあったとしても、あのころの若者と比べたら、どうも借りて来た猫のように、おとなしすぎる。それが日本に戻ってから、いろんな大学で教鞭をとってきたわたしの正直な実感です。

二十代、三十代というのは、なんでも挑戦してよし、なんでも失敗してもよし、という年齢なのです。生命力がほとばしる年代に、いわゆる「線香も焚かなきゃ、屁もひらぬ」という生き方をしていて、どうなるのでしょう。

四十代、五十代になって、「しまった。もう少しやりたいことをやっておけば良かった」と思っても、時すでに遅しということになります。

はじめから自分の人生に一貫性を持とうとするから、苦しいのじゃないですか。やぶれかぶれで、やりたいことをどんどんやってみればいいじゃないですか。あまり頭の中で考え込んでしまっては、結局、何もできません。

物への欲など抑え
満ち足りて生きよ
善悪のくびきから
解き放たれよ
酒杯を捧げ持ち
愛する女の帯留めをもて遊ぶがよい
どうせすべては疾く消え去る
楽しみの時は長く続かぬ
大地が君をその子宮へと呑み込む前に
君の人生を悲しみで染めることなかれ
黒々とした苦悩に煩うことなかれ
それまでは書物を
愛しい女の唇を
かぐわしい青草を

手放すなかれ（「ルバイヤート」）

これはイスラム教の神秘主義者オマル・ハイヤームの詩です。イスラム教では飲酒も不倫もきびしく御法度のはずなのに、なかなか楽しいアドバイスを残してくれています。

そのとき、そのとき、精一杯に楽しく生きればいいのです。どうせ人生なんて、計画どおりにいくはずがありません。また万が一、計画どおりにいった人生があるとすれば、ちょっと気の毒な感じがします。人生の醍醐味は、無計画性にあるのですから。それは、何ひとつ計画どおりに運ばなかったわたしの実感です。

ですから、フリーターという生き方も悪くないと思います。でも大事なことは、挑戦する目標の一つひとつに真剣に取り組むことです。真剣に取り組んで失敗したことは、血となり肉となりますが、いいかげんに取り組んで失敗したことは、時間の無駄にしかなりません。

銀行や郵便局にお金を預けるだけが貯金ではないのです。いろんな体験を自分の体の中に積み立てていくことこそ、将来、ほんとうに役立つ貯金です。

でも、そのうちにフォーカスを一つに定めて、そのことに全力投入する。プロフェッショナリズムのない人生は、寂しい人生だと思います。人間の魂は、職業を通じて磨かれるという側面があるからです。いつまでもフリーターで居続け、プロフェッショナリズムをもたないというのは、魂の成長という観点からも、あまり感心できることではありません。

わたしの場合、親の猛反対を振り切って、禅の坊さんになったかと思うと、また寺から逃亡し、はるかアメリカまで行って、キリスト教神学の勉強をはじめました。留学が終われば、日本に戻ろうと考えていたのですが、あれよあれよという間に、大学の先生になってしまいました。二十年も禅寺で本を読まない生活をしていた人間が、アイビーリーグ（アメリカ東部の名門校八校）の大学の先生になるなどと、誰が想像し得たでしょうか。

それでそのまま海外に残るのかと思えば、五十歳になったとたん、何もかも投げ打って日本に戻って来ました。われながら、行き当たりばったり、好きなように生きてきたワガママぶりに感心します。わたしのような男に振り回される家族は、気の毒なものですが、それも運命と思って、諦めてもらうよりほかありません。

しかし人生も半ば過ぎて、つらつら思うのに、わたしの財産といえば、そのような支離滅裂な生き方がもたらした体験の豊富さ以外に何もないのです。

ここで、自分の体験してきたことをぜんぶ語るわけにはいかないのですが、それを映画に例えていえば、まるで時代劇からSF映画の世界まで走り抜けてきたようなものです。

そもそも、お寺では下駄やわらじしか履いたことがなかったし、下着もシャツやパンツではなく、襦袢《じゅばん》とフンドシでした。そういう人間が、いきなりアメリカの近代的生活に飛び込んだわけですから、その驚きたるや、簡単に説明できるものではありません。

そのように、若いときは支離滅裂と思っていた生き方が、年をとるにつれて、ひとつの方向に収束してきたように思えてならないのです。バラバラだった行動が、人間の幅として自分のパーソナリティーの中に収まってきたのです。このようなことは、若いときには思いもしなかったことです。

ですから、頭で計算して出世街道を突っ走ろうというのは、はじめから自分というものを限定し、痩せ細った生き方をしようというのと同じです。

一度きりの人生、そんなにお行儀よく生きることはありません。勉強も仕事も遊びも、もっとやんちゃに、真剣に楽しむ覚悟を持ってやってください。

37 「群れ」から離れて生きる勇気

日本人というのは、ほんとに群れるのが大好きです。職場だけでなく、旅行もグループ、山登りもグループ、スポーツもグループ、ぜ〜んぶ「群れ」としての行動です。

はぐれた狼のように、容易にグループの中に入っていけないわたしのほうが、ちょっと精神科医に診てもらう必要があるのかもしれませんが、日本人の集団志向を見ていると、「たまには独りでやれ」と叫びたくなります。

自分がやりたいことを自分の判断力で行動し、その結果については自分で責任をもつ。それぐらいの気概があってもいいんじゃないでしょうか。

いちばん空しい「群れ」といえば、開店前のパチンコ屋と、閉店直後の景品引換所に並ぶ若者たちです。若くて体力のあるときに、そんなところに群れていてどうするのでしょう。汗をかかない青春は、きっと涙の晩年を引き寄せます。

このごろは自殺まで、見ず知らずの者が集まって、グループで実行する傾向があります。クルマの中で練炭を燃やして、一酸化炭素中毒を起こすという方法が流行《はや》っているようです。

昔は恋仲の男女が、周囲の反対の中で、永遠の契《ちぎ》りを遂げるために心中をすることがよくありました。歌舞伎でも浄瑠璃でも、心中物が人気を博したのは、その健気さに心打たれたからです。

ところが現代では、携帯電話で連絡をとりあっただけの人間が、集団自殺をするのです。この世に生命が結実するまでの劇的なプロセスを考えれば、あっけないものです。なによりも荘厳であるはずの〈いのち〉の終焉が、あまりにも軽々しく扱われています。

わたしがもっと首をかしげるのは、暴走族です。どうせ法律を犯してまで、公道をぶっ飛ばそうというのなら、「独りでやれ」と言いたい。独りでやって、独りでブタ箱に放り込まれるなり、大ケガをするなりしてこそ、一人前の人間ではないのでしょうか。

そんな潔さこそカッコイイと思うのですが、暴走という反社会的行為まで集団の力に依存せざるを得ないのは、いかにもキモイ。他人の気を引くためには、無謀運転をしたり、耳をつんざくような音を立てるしか芸がないわけですから、自分たちがいかに退屈で面白みのない人間か、宣伝して歩いているようなものです。

暴走族が群れたところで騒音ぐらいの迷惑で済みますが、政治家や官吏が群れると国家的な損失となります。彼らが党利や省益を守るために群れをなせば、国家の大計を見誤ります。

日本に必要なのは、いい意味で強い自我をもった人間です。古い慣例に挑みかかっていくだけのガッツをもった人には、必ず強い信念があるはずですが、その強い信念は、孤独に耐えるだけの強い自我がないと育ちません。

日本の教育は、自我の育成とわがままの放任を混同しているようなところがあります。わがままは、未熟な自己表現ですが、強い自我は、つねに自分で考え、自分で判断し、自分で責任をとることを知っています。

また、うわべだけの謙譲の美徳を讃えることは、未熟な自我の増長につながります。自分の考えを人前でしっかりと話す訓練は、小学校ぐらいから始めて、大学まで続ける必要があります。強い自我の殻がほころびはじめて、円満な人格になっていくのは、人生の後半でいいと思います。

中野孝次氏が『生き方の美学』（文春新書）という本の中で、群れから一番遠いところで生きた人間の一人である洋画家、熊谷守一さんのことを紹介しています。熊谷さんは、絵描きのくせに、ほとんど絵を描かないという珍しい絵描きでした。たまに描いても、きわめて単純化された絵を線だけで描き切る人でした。それでも、その鋭い観察眼から生まれる絵は、すごく存在感があります。その熊谷さんが、面白いことを言っています。

私はだから、誰が相手にしてくれなくとも、石ころ一つとでも十分暮らせます。石ころをじっとながめているだけで、何日も何月も暮らせます。監獄にはいって、いちばん楽々と生きていける人間は、広い世の中で、この私かもしれません。

暴走族のみなさん、こういう痛快なことを言ってから、バイクに跨《またが》ってください。群れから離れて暮らせる人は、ものすごく充実した自分の世界をもっているのです。熊谷さんは、どうしたらいい絵を描けるかという質問に対して、次のように答えています。

下品な人は下品な絵をかきなさい、ばかな人はばかな絵をかきなさい、下手な人は下手な絵をかきなさい。……結局、絵などは自分を出して自分を生かすしかないのだと思います。自分にないものを、無理になんとかしようとしても、ロクなことにはなりません。

この心構えは、すべてに通じます。自分にないものを無理に出そうとするから、自信がなくなって、そして結局、群れの中に隠れようとするのだと思います。下品な人は下品に、ばかな人はばかに生きればいいそうですから、こんな素晴らしいアドバイスを素直に聞かないテはありません。

38 「仲間づくり」がキーワード

「群れづくり」には反対の私も、「仲間づくり」は大いに奨励したいと思っています。

なぜなら、現代ほど孤独な時代がないからです。宗教も、道徳も、家族も、企業もバラバラになりつつあり、心の拠《よ》り所をどこに見い出せばよいのか分からなくなってしまいました。

そんな風潮の中、なにかの信仰に巡り合った人は、自分なりの心のよすがを見い出したわけですから、そのぶん幸せかもしれません。ただ、宗教教団には、結束が強いあまり、外部の人間に対して排他的になる傾向がありますから、それは気をつけたほうがいいでしょう。

しかし、多くの人は宗教の世界に親しみを覚えることすらできないでいます。現代には、信頼するに足る宗教家が少ないからです。オウム真理教事件があって以来、ますます宗教の信憑《しんぴょう》性が疑われるようになりました。実際に、類似したカルト集団は、今も数多く潜在しています。

宗教に救いを見い出しにくくなった分だけ、道徳がしっかりしておれば、それほど迷わなくて済みます。何が正しくて、何が間違っているか、社会に共通の認識があれば、それに沿って生きていけばいいわけですから、ちょっと窮屈ですが、気は楽です。

幸か不幸か、そういう窮屈な道徳も日本列島から消え去りました。親や先生に対しても、気に食わないことがあれば殴りかかるご時世です。言葉遣いも、むちゃくちゃで、誰が誰に話しているのか分からなくなりました。

極めつけは、うら若き乙女たちの援助交際です。最も恥じらいをもっているはずの多感な年頃の女性たちが、いともカジュアルに、見知らぬ男性と関係をもってしまうのです。それを単純に悪と決めつけるのは難しいですが、人間の欲望に一定の制御装置が働かなくなったことだけは確かです。

宗教と道徳の影響力が薄れても、家族の絆が強ければ、それほど孤独を感じなくて済みます。ところが現実は、その反対です。日本人が、今ほど家族バラバラな時代を経験したことはなかったのではないでしょうか。家庭が、ホッとできる憩いの場でなくなりつつあります。

夫婦共働きでも、家におじいさん、おばあさんがゆっくりと生活していてくれるだけでも、家庭は安定します。嫁姑の間に嫌悪な関係ができやすいとよく言われますが、本来は異なった世代の人間が同居することによって、家族の絆が強められるのだと思います。でも増える一方の核家族では、そういうことも望めません。せめて兄弟の数が多ければ、喧嘩しながらでも人間の温もりを感じることができます。しかし少子化で、一人か二人という家族構成が当たり前になりました。その子どもたちでさえ、部屋に閉じこもってしまうわけで、家族の団欒が成立しなくなりました。

じゃあ、せめて職場の人間関係が強固なものであってくれれば、まだ救われます。ところがアメリカ型能力主義の煽《あお》りを食って、日本企業もリストラに精を出すようになりましたから、同僚ともサバイバルをかけて競わざるを得なくなりました。

終身雇用、年功序列を懐かしんでいる場合じゃないのです。リストラをされる仲間を見て、明日は我が身という不安におののいている人も少なくありません。

宗教からも、道徳からも、おまけに家族や職場からも見放された人間の魂は、かぎりなく孤独です。自殺者三万人時代になったのも、当然といえます。

農耕文化を基盤にもつ日本人は、とくに孤独に弱そうです。セルフ・アイデンティティー（自分が自分であること）が、集団から離れて成立し得ないからです。それが学校のＰＴＡであったり、カルト集団であったりの違いがあるとはしても、何らかの共同体に所属していないと、たちまち不安感に見舞われるのです。

そういう文化的背景をもつ日本人も、少しは孤独に対して強くなることも必要だとは思いますが、あまりやせ我慢はいけません。

これからは、個人主義ではなく、仲間づくりの時代です。それも姻戚《いんせき》関係や仕事上の繋がりではなく、魂の繋がりをもつ仲間をつくることです。

魂の仲間ですから、職種、年齢、性別、学歴、収入などは、まったく度外視しなくてはなりません。しかも、そこに少しでも利害関係があれば、友情は長続きしません。

簡単にいえば、自分と馬が合う人を見つけたなら、その縁を大切にすることです。他愛のない話をして、一緒にケラケラと笑える人がいれば、しめたものです。ケラケラ笑いながらも、お互いの気持ちを汲み取れる人であれば、なおありがたいです。ましてや、同じ目標を共有する人なら、もう最高です。ぜひ一人でも、二人でもいいですから、そんな仲間を見つけてください。こんな孤独な時代には、自分を好きであり続けるためにも、そういう仲間が必要なのです。

親しい友だちは、誰にでも一人や二人はいるものです。しかし、長年にわたって続く友情というのは、あまり多くありません。

進学、就職、結婚といった人生の節目を迎えるごとに、人は散りぢりになっていきます。そんな境遇の変化にもかかわらず、持続する友情があれば、よほど縁の深い人なのでしょう。

でも、本当の親友とはどんな人かといえば、自分の表面的な性格を好いてくれているというよりも、魂全体を抱き締めてくれる人だと思います。

ということは、あなたも相手の魂を抱き締めていなくてはなりません。それは、友人の短所もすっかり飲み込んだ上で、その存在をまるごと受け入れることを意味します。

魂の友は、必ずしも頻繁に会う人物とはかぎりません。何ヶ月、場合によっては何年も会わなくても、顔を合わせればすぐに心通じ合うことができるはずです。

ところで、自分のこころを癒してくれる仲間だけでなく、一緒に社会を変えていく仲間も必要です。たとえば、北朝鮮に子供や兄弟を拉致《らち》され、その生死もわからないまま三十年近く、再会を待ち続けている家族がいます。とつぜん消息不明になったわが子の名前を、毎日、毎日、血の滲むような思いで、親たちは叫び続けています。

その拉致被害者の家族も、各家族がバラバラにではなく、同じ悲しみを共有する仲間となって団結し始めたときから、力を持ちはじめたのです。それまで何も動こうとしなかった政府の人間も、ほんの少しずつ、彼らの訴えに耳を傾け始めました。それがやがて、小泉首相の二度にわたる訪朝に繋がっていくのです。その結果、五人の方と家族の一部が日本に帰国されたわけですが、「仲間づくり」の重要さが、この不幸な事件についても証明されています。

何か大きなチャレンジをしようという志をもつ人は、まず自分の決意を強固にした上で、つぎにはぜひ信頼のできる仲間を見い出してください。一人ではとうてい叶わなかった夢が、現実に近づいてくると思います。

39 明るいオーラを出していますか

わたしはいろんな人と接していて感じるのですが、どうも人によって、明るいオーラと暗いオーラをもっているタイプに分かれるような気がしています。

かといって、わたしは霊能者ではないので、実際に目に見えるわけではありません。あくまで雰囲気で判断しているわけですが、学歴、肩書、年齢、性別などは、オーラとまったく関係ありません。

当然のことながら、明るいオーラをもっている人は、ユーモアに富んでいるし、考え方が前向きです。そんな人と一緒にいれば、なんとなくこちらも明るい気持ちになるから、自然と親しみが湧いてきます。

暗いオーラの人は、まさにその反対。猜疑心や嫉妬心がその人柄を暗くしています。話しているうちに影響を受けるのか、次第に世の中が暗く見えてきます。なるべくなら避けて通りたい人物といえます。

類は友を呼ぶといいますが、明るいオーラの人は自分と同じようなオーラをもった人たちと集まります。だから、そのグループはますます明るくなって、その場にいあわすだけでも幸せな気分になることができます。

なにか新しいことに挑戦しようとするとき、このような明るいオーラの仲間づくりをすることが、成功のための最初の条件となります。さまざまな困難が立ちはだかっても、集団的オーラの光で溶かすことができます。

暗いオーラの人は、やはり暗い者同士で集まってしまうので、そのグループに入れば、ますます暗いオーラに覆われてしまいます。闇が闇を呼ぶのです。

なにかの陰謀をたくらむ人たちというのは、まさにそれです。人を躓かせようとするその気持ちが、体から暗いオーラを出してしまいます。そんなオーラに包まれてしまえば、人殺しさえ平気になってしまいます。暗いオーラは、ひどく臭いオナラのようなもので、そんな人間に近づけば、ろくなことがありません。

また、自殺をしようとまで思いつめている人のオーラは、すごく希薄になっているると思います。切れる寸前の電球みたいなもので、ぼーっとした光がフラフラとよろめいています。現代の日本には、この光量の弱まったオーラが凄く増えているように思います。とても孤独な魂をもった人たちが急増しています。

そういう人たちは、何らかの方法で急いで充電しないと、やがて病気になったり、自殺を図ったりしてしまうかもしれません。もし自分の周囲にそういう人がいるなら、その人が元の明るい光を取り戻すように、ぜひとも温かく包んであげてください。

しかし、明るいオーラ、暗いオーラというのは、決して固定したものではなく、心がけ次第でどちらにでも転ぶものです。ですから、今明るい人も暗いほうへ行ってしまわないように、つねに自分の気持ちを引き締めていかなくてはなりません。

否定的な考え方は、どんどん捨てていく。また、否定的な考え方をもった人を友としない。そういう工夫は必要だと思います。

もっとも、自分に自信さえつけば、どれだけ暗いオーラをもった人が近付いてきても、逆に相手を明るくできます。レーザー光線なみの光で、相手の心に巣くっている闇を射抜くことができるのです。

暗いオーラをもった人は、まずその事実に気づくことです。自分を正しく見るということは、誰にとっても難しいことです。ですから、信頼のできる、立派な人だなという人に出会ったときには、その人が自分を映す鏡になってくれるかもしれないので、ぜひその出会いを大切にしてください。

さてこのへんで、今の自分が明るいオーラを放っているか、あるいは暗いオーラに閉ざされているか、ちょっと振り返ってみてはどうでしょう。その判定結果をてっとり早く知りたければ、自分の周りにいる友だちのことを考えてみればよいと思います。

どこか清々しくて、小さなことでも無邪気に喜ぶことのできる友人たちに囲まれていれば、あなたはとても幸せな人です。

40 よく効くオマジナイ教えます

ここで、幸運を呼ぶ、とっておきの秘訣をお教えします。それは、何事にも「ありがとうございます」という感謝の気持ちをもつことです。それもなるべく「ありがとうございます」と声に出すほうがいいと思います。

われわれは、もっと学力や体力を向上させようという励ましをよく耳にしたり、口にしたりしますが、もっと大切な能力を忘れがちです。

それは感謝する力です。感謝することも、意志的な力です。自分にとって、何かいいことをしてもらって感謝するのは、難しいことではありません。

でも、その反対に、自分が望まないことに出くわしたときに、感謝できるでしょうか。ふつうなら、忌々しい気持ちになってしまいます。それを心から「ありがとうございます」と受け止めていくには、それなりの努力がいります。

否定的な感情を肯定的な感情へとスイッチを入れ替えるには、意志の力が必要です。だから、感謝するということも、なかなかたいへんな面があるのです。

その転換が習慣づいてしまえば、それほど意識的に努力しなくても、どんなことも自然に受け止められるようになるでしょう。

『法華経』というお経の中に、常不軽《じょうふぎょう》菩薩《ぼさつ》という人が登場してきます。この人は石を投げられるなど、信仰を持たない人から迫害を受けても、その迫害を与える人に、合掌して感謝します。

彼は、表面にあらわれている行為や性格で相手を判断するのではなく、その本性に宿るホトケさまに手を合わせているのです。

人間だけでなく、山や川、草花に向かっても礼拝したとされています。なかなか常識的な目には見えないことですが、じつは彼が人や自然に合掌礼拝するとき、彼もまた人や自然から礼拝されているのです。

ところで、現代社会に生きているわれわれも、中傷や誹謗という石を投げつけられることは、よくあります。そんなとき、「こん畜生！」と腹をたてるのがふつうです。

それを常不軽菩薩なら、「ありがとう」と合掌し、おじぎをして去るのですから、それがいかに大変なことか分かります。

わたしは、ある意味では運命論者です。今起きていることは、いいことも、悪いことも、すべて意味があるはずです。偶然のように見えていても、その出来事に出合うには、ちょっと大げさな言い方をすれば、歴史的な必然性があるのです。

起こるべくして起きたことをどこまで素直に受け止めるか、これはたいへん勇気のいることです。自分には納得のいかない理不尽な出来事を、積極的に受け止めるというのは、ほとんど聖人でないとできません。

そんなことは自分でもできませんし、ましてや自分にできないことを他人に押し付ける気もありません。ただ、努力はできます。それは「ありがとう」と心の中でつぶやく努力です。

わたしはアメリカにいるとき、とんでもない事件に巻き込まれたことがあります。

複雑な家庭環境に悩む女学生の相談相手になっているうちに、あまりに接近してきたため、少し距離を置きはじめたとたん、彼女から中傷を受け始めたのです。実の父親と何年も口を利いたことがない女性だったので、彼女の心の中では、わたしが父親の役割を果たしていたと思われます。

そのわたしから裏切られたとでも思ったのでしょうか、根拠のない噂をキャンパス中にばら撒かれました。教師として、できるだけ誠実に対応していたつもりなのに、なぜ自分がこういう目に遭うのかと、不思議でなりませんでした。

そのうちに、彼女の人身攻撃を悪用する人間も出てきました。いったん逆風が吹き始めると、世間は冷たいもので、それまで親しくしていた人でも、自分から離れていったりします。「手のひらを返したように」という表現がぴったりです。

当時は、ずいぶん人を恨みましたが、今なら、それを素直に受け止めることができます。人には語れないほど嫌な目に遭ったおかげで、わたしは人の心の大切さに目覚めました。

未熟なわたしは、人間の好き嫌いが激しく、嫌な人とは口も利きたくないタイプです。そういう態度が、わたしに敵対する人たちを呼び寄せてしまったのだと思います。もっと出会う人一人ひとりに、心をこめて交わっておれば、わたしは不要な敵をつくることもなかったはずです。

しかし今となっては、その忘れ去りたい出来事にすら、「ありがとう」と言うことができます。おかげで、わたしは以前よりも、人の悲しみや悔しさを実感をもって理解できるようになったと思います。

41 わたしの特技は肥え汲みだぁ

おっとっと、畑の真ん中で、私の体は右に左に大きく揺れました。ちゃっぷん、ちゃっぷん。危なげな音を立てて、両肩に渡した天秤棒からぶら下がっているのは、とんでもなく臭い代物でした。

中学生のときも、高校生のときも、学校から戻るとカバンをほうり出して、すぐに畑に出ていき、草を抜いたり、土を耕したりするのが日課になっていました。たいていは、ひどくお腹が空いていたので、ちょっとその前に庫裡《くり》に走って行って、本堂の仏壇から下げられてきたまんじゅうをつまんだりしました。日頃からクワやスキなどの農器具を持ち慣れていたわたしの手のひらには、いつも固いマメができていました。学校の生徒というよりも、まるで労働者のような手でした。

なかでも、肥溜《こえだめ》から汲み上げた人糞をかついで、野菜畑にまく作業は、なかなか大変でした。水洗トイレしか知らない人もいるかもしれませんから、一応、説明しておきますと、昔はトイレの下に大きな壷があって、そこから人糞を汲み上げてきて、畑にまく前に、しばらく肥溜で寝かしたのです。化学肥料ができるまで、お百姓さんは、皆そうしていました。

両方の肩に食い込むほど重い桶を二つかついで畑に運んでいくには、コツがあるのです。ヘタに揺らすと、桶の中の強烈に臭いものが、自分の体にはね返ってくるから、腰を落として慎重に歩かなくてはならないのです。

それでも高校生ぐらいになると、この作業にもだいぶ慣れて、片足で立ったまま、もう一方の足で肥え桶を柄杓《ひしゃく》に傾け、野菜の根っこにまいていけるほどになっていました。

でも、あるときなんかは、ちょっとバランスを崩して肥え桶をかついだまま、畑のわきにある溝にはまり込んでしまったこともあります。もちろん、全身に臭いものをかぶってしまいました。

わたしにはあまり自慢できるものがないのだけれど、日本広しといえども、片足で立ったまま、人糞をまける大学教授は、わたし一人じゃないかと、ひそかに鼻が高いのです。

わたしの手の指には、今でもいくつもの傷跡があります。それは小僧のとき、思いきり振りおろしたナタが、はずみでわたしの指に食い込んだ痕《あと》なのです。

毎日、ゴエモン風呂を沸かすのに、境内から枯れ枝を集めてきて、それが釜に入るような大きさに切り裂く必要があったのです。ご飯もガスではなく薪で炊いていましたから、大きな木をノコギリでゴシゴシと切ってから、長いヨキ（斧《おの》）を振りかざして、いくつにも小さく割らなくてはなりません。

運動神経の鈍いことは相変わらずですから、ときどき足の指もちぎれるほどケガをしました。それでも、病院に行くこともなく、いつも消毒薬と絆創膏だけで済ませました。

師匠にも兄弟弟子にも、わたしの不器用さは定評がありました。障子紙を張っても、わたしが張ったのは真っすぐじゃなかったので、すぐに分かりました。

お寺では毎日のように、手習いといって、毛筆の練習をさせられましたが、わたしは飛び抜けて下手でした。師匠に、お前はまともな字も書けないのか、性格が真っすぐじゃないからだと、よく叱られました。

自慢じゃないけど、わたしは小学校のときから野球のボールが真っすぐ投げられず、悪ガキどものあざけりを受けていたぐらいですから、筆で真っすぐな線も引けなくても不思議ではありません。

お寺にも水道は来ていましたが、毎朝の雑巾がけは、深い井戸からツルベで水を汲み上げ、長い廊下がピカピカになるまで、力いっぱい拭かなくてはなりませんでした。

学校の友だちが家でまだグーグーと寝ている朝の暗いうちから、掃除ばかりしている自分が、ちょっとかわいそうでしたが、自分で家出までして選んだ道ですから、誰にも文句が言えませんでした。

昔の力士が、強かった上にあまりケガをしなかったのは、子供のころに貧しくて働かされていたから、体がバネのように鍛えられていたためだといわれます。わたしも、長い廊下を中腰になって雑巾がけをしていたおかげで、今も年齢の割には足腰が強く、元気でいられるのかもしれません。

でも、冷たい水で雑巾を洗うわけですから、冬の間は、ずっと手が霜焼けで、グローブのように膨《ふく》れあがっていました。学校に行くと、友だちから怪訝《けげん》な目で見られました。

手だけではなく、素足にゴムぞうりだけで庭掃除をしていたので、足も霜焼けだらけでした。庭先に霜柱が立っていても、足袋《たび》を履くことはありませんでした。霜焼けというのは、昼はシクシクと痛いのですが、夜、ふとんの中に入ると、むず痒《がゆ》くてしかたないものです。ひどい時は、痒くて眠れません。

わたしは三十過ぎになってアメリカに渡るとき、とても嬉しかったのは、いつも素足で履くゴムぞうり、ワラジ、下駄ではなく、靴下と靴を履けるようになったことです。ああ、「これが文明だな」と、まず先進文明の恩恵を足下に感じました。

私が出家の道を選ぶことによって、どこまでホトケの心に近づいたのかと聞かれれば、恥ずかしくて穴の中に入りたくなります。でも、お寺の生活が、弱かった私の体を見違えるほど頑丈にしてくれたことだけは、断言できます。おかげで今は何はなくとも、健康だけはわたしの貴重な財産になっています。

わたしは今でこそ、「中高年」健康優良児の代表みたいな顔をしていますが、じつは幼いときは肺炎で死にかかっているし、小学生のときは、ちょっと寒風にさらされると熱を出すほど、虚弱体質でした。

いちばん困ったのは、胃腸がきわめて弱く、何を食べてもすぐに下痢をすることでした。中学校のときは、昼食時に弁当を食べることさえ、恐怖心を抱いたほどです。食べれば、必ずトイレに走り込みました。

そんなふうに「青びょうたん」とさえ呼ばれていたわたしが、今のように頑健になったのは、長い寺院生活を通じて、肉体労働に明け暮れたおかげです。

42 心を鍛えるべきか、体を鍛えるべきか

体が元気になれば、おのずから心も元気になるものです。こういうことを禅宗では、心身一如《しんしんいちにょ》と言ったりするのですが、精神と肉体はしっかりと繋がっています。ですから、体を鍛えることは、心を鍛えることにほかならないのです。かといって、スポーツ選手がすべて強い精神力をもっているとは単純に言えませんが、勉強ばかりしている人間よりは、少なくともネアカです。

わたしの個人的な体験からの話ですが、アメリカの大学生を見ていると、在学中、

バスケットボールやフットボールなど、スポーツ活動で活躍していた学生のほうが、勉強ばかりして成績に「A」を並べるような学生よりも、卒業後、目ざましい活躍をしている人が多いようです。スポーツを通じて、チームワークを学ぶという効果もあると思いますが、何よりも頑張りの精神が身につくからでしょう。

また、病気や障害があっても、一生懸命に体を鍛えている人がいます。わたしのアメリカ人の友だちのお母さんは、事故で片足しかないのですが、八十歳を過ぎてもスキーをしていました。体力もさることながら、その気力たるや見上げたものです。

このあいだカリフォルニアに行ったとき、ひさしぶりにその友人を訪ねて、お母さんが九十二歳でご存命であることを知り、驚きました。そういえば彼女は、少しでも貯えがあると、いろんな慈善団体に小切手を送っていましたが、そういう徳行《とっこう》が長寿につながっているのでしょうか。

なのに、若くて健康な人が、自分の体を甘やかせてはいけません。たとえば、一階から二階や三階に行くのにエレベーターを使うのは、大いに問題です。自分で自分の老化を招いているようなものです。せっかくの足を使ってあげなければ、二本もある足がかわいそうです。

わたしの研究室は、大学の五階にありますが、なにか特別の事情がないかぎり、エレベーターを使うことはありません。一日に何度も一階と五階を往来するわたしは、若い学生たちがエレベーターの前に群れなしているのを見ると、一喝《かつ》入れたくなります。このごろの日本の若者には、確実にジジババが増えています。

どういう道に進むにせよ、最大の資本金は健康な体です。ですから、何歳であっても健康維持には最大の注意を払わなくてはなりません。

重い病気になってから、もっと常日頃から養生しておけばよかったと、後悔しても後の祭りです。わたしがいつも怪訝に思うのは、アメリカでは健康を害するという理由で、公共の場ではタバコの広告が許されていないのに、日本ではどうしてアメリカ製タバコの宣伝が大っぴらにされているのでしょうか。

喫煙をカッコいいと思うのか、日本の若者がむやみとタバコをくわえているのを見ると、ちょっと心配になってきます。タバコを街頭から追放せよというほど、わたしは原理主義者ではありませんが、若い人がタバコを吸うのを見ると、「それって、あんまり体に良くないんじゃない」と囁きたくなります。

日本の若者は、欧米の若者と比べてずいぶん幼く見えるので、彼らがカッコをつけてタバコを吸っているつもりでも、わたしの眼には小学生が無理をして大人ぶっているようで、滑稽に見えてしまうのです。

第一、人が吸うから自分も吸うというのは、いかにも自主性のないことです。日本で誰もタバコを吸わなくなったときこそ、わたしは吸ってやるんだというぐらいの天の邪鬼になってほしいものです。

楽なガンというのはありませんが、肺ガンの苦しみは、とくに辛いみたいですよ。肺ガンになってから、タバコなんて吸わなければよかったと後悔するのは、おろかです。病気は不可抗力として起きるものもありますが、過度の喫煙や飲酒のように、自らの不養生で病気になるのは、できるだけ避けたいものです。

もっとも、病気というのは、健康の敵ではありません。体の自動制御装置が働いて、また元気になるために、体が必死で崩れたバランスを取り戻そうとしてくれているわけです。ですから、もしも病気になったときは、それまで頑張って来た自分の肉体に感謝してあげてください。

それでもやっぱり、病気を予防する努力は大切です。体の調子がすぐれないと、心まで暗くなってきます。集中力もガクンと落ちます。ですから、自分の肉体をなるべくベスト・コンディションに保つ工夫がいります。

最近はいろんな健康器具が出回っていますが、わたしはあまり機械に頼る健康法は好きじゃありません。唯一、健康のために使う「機械」といえば、亀の子タワシだけです。百円ショップで買ってきたタワシを、もう何ヶ月も愛用しています。

朝、起き抜けにタワシで全身を隈《くま》なくマッサージします。血行が良くなるのか、体がほかほかして、寝ぼけなんかすぐに吹き飛んでいきます。たぶん体中のリンパ液も刺激を受けて、循環が良くなるのではないでしょうか。

頑固な肩凝りがなくなったし、肌までが若いときのようにツルツルしてきました。なんなら、わたしのお腹あたりを触らせてあげたいぐらいです。

五百メートルの水泳も、なるべく毎日欠かさないようにしています。アメリカやシンガポールの大学では、素晴らしいプール設備があったので、一キロ泳いでいましたが、狭い日本のプールでは五百メートルにしています。泳いだ後に、スポーツクラブの風呂に入るのも楽しみです。とくに水風呂と温水風呂を二、三回往復することによって、体がシャキっとします。

おかげで、風邪も引かなくなりました。

それだけではありません。それからサウナに行って、体に塩を摺り込んでから、腹筋運動をします。おかげで以前と比べて、十センチもウエストが締まりました。私は、けっこう健康オタクなんです。

アメリカで暮らしているときは、ジョギングも日課でした。朝靄の中、我が家から近くの湖まで走っていると、ほとんど必ず野生の鹿に出合いました。深い森の中にたたずむ鹿の端正な姿は、いまだにわたしの瞼に残っています。

息を切らせてやっと湖畔に着くと、カナダ雁が群れなして水面に浮かぶのを飽かずに眺めたものです。あんな幻想的な風景を毎朝眺めていたわけですから、わたしもぜいたくな生活をしていたものです。でも膝を痛めてからは、ジョギングを止めました。代わりに、なるべく早く歩くようにしています。

優れた頭脳があっても、ユニークな才能があっても、健康が土台となります。一歩外に出れば、いろんな意味で厳しい環境が待ち受けています。それにへこたれないように、体力づくりをしてください。とくに若い人には、自分の体を鉄のように鍛えて、日本と世界のために活躍してほしいものです。

女性も新しい時代を切り開くために、もっと頑強な体力づくりに励むべきです。おしゃれ心も大切ですが、社会の旧弊をぶち破るには、男まさりの気力と体力がいることを忘れないでください。

プリンストン大学時代に、五十メートルプールを懸命に泳いでいると、私の横をどんどんと泳ぎ抜いていく女学生たちがいました。彼女たちを見て、日本の女性もこれぐらい体力をつけてから、男性優位主義に挑みかかるべきだと思いました。女性がナヨナヨと「ぶりっ子」をしているうちは、日本も変わらないのではないでしょうか。

43 中卒や高卒も立派な肩書です

わたしは日本に戻るまで、アメリカのプリンストン大学と国立シンガポール大学で教壇に立ってきました。とくにプリンストンは、ハーバードと全米の大学ランキングで毎年、トップの座を競うような名門大学です。ノーベル賞学者もたくさん出ていますし、素晴らしい学問的環境を誇っています。

国立シンガポール大学も、アジアのハーバードをめざして、日進月歩、凄い勢いで成長している大学です。天然資源がまったくないシンガポールは、優秀な人材を育てることに国の命運がかかっています。

ですから、世界中の大学から優秀な学者を集めてきて、自国の若者に最高レベルの教育を施そうとしています。それが国策ですから、政府が大学につぎ込む予算には、莫大なものがあります。

わたしはそういったエリート大学の先生を十年以上もしていたわけですから、さぞかし鼻高々だろうと思われるかもしれません。

ところが、そうではないのです。わたしは長いあいだ、学歴コンプレックスに悩まされていました。理由は簡単です。高校生のとき受験に失敗して、志望校に行けなかった悔しさが、あまりにも大きかったからです。

でも、人間は何が幸いするか分からないもので、その学歴コンプレックスこそが、後になって、アメリカのアイビーリーグで修士号や博士号をとる原動力になったと思います。

そういう奇妙な経歴をもつわたしが、若者にアドバイスするとすれば、勉強が嫌いなら大学なんて行かなくてもいい、と思います。大学どころか、高校さえ行く必要がないかもしれません。

まあ、せめて中学校ぐらいは出て、人並みに「読み書き算数」ぐらいはできるようにしておいたほうがいいでしょう。これが、わたしの学校教育に対する基本的な考え方です。

　大工さんになるにしろ、美容師さんになるにしろ、中学校ぐらいの知識がないと、あとあと困ることがあるかもしれないからです。基本的な計算や作文の能力は、職業を問わず、欠かすことができません。

　反対に、中学校までの知識をしっかり身につけておけば、将来、上の学校に進学したくなったときも、なんとかなるものです。だから、勉強がよほど嫌いでも、ちょっとガマンして、中学校までは卒業してほしいものです。

　わたしは、中卒でも高卒でも、立派な肩書だと思っています。専門学校卒も然りです。まったく引け目に感じることはありません。昨今は大学院だの、ＭＢＡ（経営学修士）だのと、やたらと高学歴化している社会にあって、あえて中卒という肩書で通すというのは、逆にとても個性的な生き方だといえます。大切なのは、その人が学校卒業後、どのように生きていくかです。

　二十歳前の、体力がありあまっている時に、自分がほんとうにやりたいことに向かって、体当たりで生きていくことほど素晴らしいことはありません。それに、若ければ若いほど、たとえ失敗したとしても、やり直しがききます。

だから親のスネをかじったまま、何の考えもなく大学にやってきて、青春たけなわの四年間をぶらぶら過ごしている人間を羨ましく思う必要はまったくありません。人の生きざまは、まったくのフリーチョイス。あなたが高校や大学に行かなくても、明日の朝、太陽が昇らないわけでも、日本が沈没するわけでもありません。何かやりたいことがあるのなら、ぜひその道を突き進んでみるといいのです。

もちろん、自分の進路については、親に相談してみてください。そこまで育ててくれた親に、一言ぐらい相談するのが、子供として、せめてもの仁義です。

第一、自分の考えが正しいと思うなら、誰にも隠すことはありません。正々堂々と、自分の信念を語ればいいのです。モジモジ、クヨクヨしていてはダメです。

でも、わたし自身がふたりの息子をもつ父親だから分かるのですが、たぶんお父さんもお母さんも、あなたから上の学校に進学しないと言われたら、びっくりして、猛烈に反対するでしょう。それは覚悟しておいてください。よーく話し合って、双方が納得する結論が出れば、万々歳です。

でも、最後まで親と意見がちがったらどうしますか。まあ、ここはじっとガマンして、親の意見に従って進学するのも、ひとつのチョイス。あなたも、それだけ大人になったということかもしれません。

上の学校も、実際に行ってみたら、自分が想像していたより面白いところかもしれません。勉強したくなかったら、クラブ活動に専念するという手もあります。学期末にもらう成績表には、目をつむっていればいいのです。

いやあ、それでももう二度と学校なんか行きたくないという人がいるなら、大したもんです。行かなくてもいいのです。ただし、何もしないでブラブラしていたいというのは、甘ったれた考えです。

中卒や高卒という肩書で、人生の勝負に出るわけだから、それなりの覚悟が必要です。今の日本は、それほどオープンな社会ではありませんから、一生、中卒・高卒という肩書がついて回ります。場合によっては、それが手かせ足かせになるかもしれません。すでに大学の先生であるわたしでさえ、そういう偏見を受けることがあります。

そういう厳しい現実から目をそむけるわけにはいかないのです。つまらない差別が、人間の世の中にはゴマンとあります。その上で、自分はやっぱり進学したくないという、しっかりとした理由があるのなら、行かないほうがいいと思います。親の反対にもかかわらず、お寺の小僧さんになってしまったわたしも、そういうあなたを心から応援します。

44 真剣勝負の覚悟はできていますか

日本の伝統的環境での生活、アメリカの学問的環境での生活、シンガポールでのアジア的環境での生活、そして東京での仲間づくりを中心とした生活というふうに、わたしの人生体験は、色鮮やかなカクテルのように、そのつど劇的に変化してきました。

すべて思った通り物事がトントン拍子に運んだわけではありませんが、振り返ってみれば、好きなことをやりたいようにやってきたワガママ人生です。

一度しかない人生だから、したいことをするのがいちばんです。だから、勉強が嫌いなのに、無理をして高校や大学に行くことはないと思います。

戦後五十年の経済復興時代には、名門大学から高級官吏、もしくは一流大企業に就職することが、花形と思われていました。もはや、そういう時代は過ぎ去ったのです。そのことに早く気づいてください。

十八歳で高校を卒業して大学に行かねばならない、と考えること自体、時代遅れの決めつけです。現代では、女性は何歳ごろまでが結婚適齢期であるという考え方が急速に薄れつつありますが、それと同じことです。

自分がどのようなライフスタイルを創っていくかについては、親の意見はじめ、社会的な制約が、以前と比べて格段に少なくなっています。考えようによっては、素晴らしい時代がやってきたものです。

たとえば、わたしが子供のころには、芸能人でもない一般男性が赤や黄のように暖色系統の衣服を身につけることは、ほとんどありませんでした。ましてや髪を茶色や金色に染めるなど、想像もつかないことでした。

今では、そんなことは当たり前で、誰も振り向きもしません。それと同じことです。古い考えに囚《とら》われて、自分の自由を奪いとるのは、世間というよりも、自分自身のこだわりではないかと、ときどき点検の必要があるでしょう。

日本の歴史上で英雄とされている人たち、たとえば聖徳太子、弘法大師、源義経、織田信長、坂本龍馬たちが、どこかの学校を卒業したという話は、一度も聞いたことがありません。学校制度がなかったわけですから当然のことですが、偉大な人物の誕生に学校教育が何の関係も持たないことの証拠です。

もっとも、弘法大師は早くも平安時代に存在した大学に入学していますが、山歩きのほうが面白くて、すぐに雲隠れしています。以来、七年間は消息不明でした。彼が本邦最初の「大学中退者」になったことも、歴史的偉業であると真剣に考えている宗教学者は、たぶんわたし一人でしょう。

現代でも、中卒の田中角栄が総理大臣になったり、小学校四年生しか出ていない松下幸之助が、あの世界的な企業を創り上げたりしました。世界的な建築家で東大教授にまでなった安藤忠雄も、独学で建築を学んでいます。

ただし、学校という選択肢を選ばないということは、人が学歴というカモフラージュで通り抜けるところを、裸一貫、実力だけで勝負することを意味します。

自分で決めたことであれば、高校や大学に行かなかったという言いわけは許されません。学歴の代わりに、一生かかって誰にも真似のできない素晴らしい才能を花咲かせる覚悟がいります。

大工さんになりたい人は、大工の棟梁のもとに弟子入りしなくてはなりません。大学の建築科に行っても大工にはなれません。庭師になる人も、熟練の庭師のもとで直接指導を受けるのがベストです。大学の農学部に行っても、庭師にはなれません。それは、美容師になりたい人が、美術大学に行っても美容師になれないのと同じことです。

もちろん、プロの世界には、めっちゃ厳しいものがありますから、はじめから楽をしようなんて思わないほうがいいです。じっと歯を食いしばって辛抱しなくちゃならないことも、いっぱいあると思います。

それでも、真剣にひとつのことに打ち込むことは、ほんとうに幸せなことです。わたしは、自分のエゴではなく、自分の魂が喜ぶことをするのが、人生最高の幸せだと考えています。

何年かその道で励んで、やはりもっと高度な教養を身につけたほうがいいと思ったら、そのときこそ大学に行くべきです。

庭師修行をしていた人が、農学部で植物の研究をすれば、まったく新しい造園業の姿が見えてくるかもしれません。あるいは魚屋さんで魚を売っていた人が、経営学部に行って商売の知識を身につけると、今まで誰も試みたことのない魚屋の経営を思いつくかもしれません。

同じ授業料を払うにしても、なんとはなしに大学に行くのと、ぜひコレを勉強したいという強い気持ちをもっているのとでは、大学から得るものの中身が違います。

わたしの場合がそうです。二十一歳で大学を中退して、まったく読書も許されない禅の道場で十二年間も過ごしました。明けても暮れても、お経、坐禅、作務《さむ》の連続でした。

作務というのは、畑仕事やまき割りなどの肉体労働のことです。禅宗では、動中の工夫といって、体をつかって働くことも、瞑想のひとつと考えます。

だから、働くときも一生懸命です。どんなことをするかといえば、草取り、畑作業、まき割り、わらじ作り、竹ぼうき作りなどです。普請《ふしん》といって、小屋を建てるぐらいの大工仕事もします。

わたしは、そんな生活を十四歳のときから、二十年続けていたのです。そして、もう一度ぜひ大学に戻って勉強したいと思ったのは、なんと三十四歳のときでした。人より何十周も遅れてのスタートでした。

わたしは、すっかり禅の世界から足を洗い、カタギになってから長いのですが、もし誰かが禅の極意は何かと聞いてくれるのなら、「ただ黙々と、一心に働くこと」と答えると思います。

45 家族は宇宙の中心

現代は、家族受難の時代です。毎日ダジャレでも言い合って、みんなが楽しくケラケラと笑って過ごしている家族があれば、それは日本の国宝と呼ぶに値します。たいていは家族がバラバラ、ろくに会話も成立していないのが現状です。日本の真の危機は、そこにあります。崩壊した家庭は、北朝鮮のミサイルよりも恐ろしい存在です。

最近は、生涯独身のままで過ごすという選択肢をとる人が増えつつあるので、家族という考え方自体、ちょっと時代遅れのようになってきました。べつにわたしは、伝統的な家族主義の信奉者でもないので、そのようなライフスタイルに異議を唱えるつもりはありません。

シングルマザーもよし、ディンクス（共働きで子ども持たず）もよし、それも新しい家族の形ですから、あくまで自分が納得のいく生き方を貫くのが、ベストです。そういう人たちも、必ず親兄弟がいるはずですから、その家族を大切にすればいいことです。

昔の家族は、お父さんがわけもなく威張っていましたが、今はそんなことは通用しなくなりました。家族全員が平等。これも、いいことです。

親は親、子どもは子ども、それぞれが自分の役割を好きなように演じていけばいいのです。互いに拘束することのない家族関係が、二十一世紀的なのです。

大切なのは、家族のサイズにかかわらず、家族同士が愛の出し惜しみをせずに、心を通わせることです。こんな単純なことを実行するだけで、日本中の刑務所から服役者が激減して、看守たちが大慌てになるでしょう。

さてここで、わざわざ本書を買って読んで下さった奇特な読者に、お礼の意味で、秘密情報を流すことにします。たまたま図書館で借りて読んでいる人にも、この際、出血サービスで教えてしまいましょう。

それは、日本一ご利益のある神社がどこにあるかという、とっておきの情報です。わたしは一応、プロの宗教学者ですから、そういう世界の情報通なのです。

そのありがたい神社にお参りすれば、七福神の福徳がいっぺんにもらえます。進学であれ、縁談であれ、金もうけであれ、願ったことが、ぜんぶ叶うのです。と聞けば、ぜひ行ってみたいでしょう。

で、その神社がどこにあるかって？

じつは、あなたの家庭が、そうなんです。お伊勢さんやお稲荷さんにお参りをするよりも、霊験あらたかです。

あなたの家族の一人ひとりに、心の中でかしわ手を打って、頭を下げれば、福徳円満、家内安全、健康増進、五穀豊穣、子孫繁栄、まちがいなしです。

家族を大切にすることから、すべてが始ります。あらゆる幸運を呼び寄せてくれるのは、家族なのです。家族がバラバラなのに、有名神社で賽銭をいくら気前よく張り込んでも、ご利益はありません。

結婚している人は、パートナーと仲良くしてください。幸運は、そこから始まります。ええ、相手が欠点だらけの人間であっても、せっかく地球上の六十億人の中から一人選んで結婚したのですから、仲良くするのです。

そして、愛しあってください。小さなことには目をつぶって、嫌なことは聞き流せばいいのです。夫婦円満が、あらゆる幸運を招くと思えば、それぐらいの辛抱はできるはずです。

わたしの場合、もっぱら「馬耳東風」という四字熟語を愛用して、妻からの罵詈《ばり》雑言《ぞうごん》をやり過ごしています。しかし、夫婦は鏡です。いつも奥さんが不機嫌な顔をしているのなら、きっとあなたも同じ顔をしているはずです。

子どもは親に感謝する心を忘れてはいけません。そうとう愚かな親でも、あなたが地球上に登場してくる機会を与えてくれたのです。そして忘れているでしょうけど、親を選んだのは、あなた自身なのですから、そんな親にも「ありがとうございます」です。その心が、学校や職場での幸運を呼びます。

親に信頼されている子どもは、学校の先生や職場の上司から信頼を得ます。きっといいことがあります。親子の絆は、学歴や才能を飛び越して、幸運の女神と直結してしまうからです。

もし、あなたがまだ未婚なら、男性は母親を、女性は父親を大切にしてください。きっと、素晴らしいフィアンセが見つかります。

それが宇宙の法則というものです。こういう素晴らしい法則をどうしてアインシュタインが教えてくれなかったのでしょうね。わたしはプリンストン時代、彼が使っていた研究室の隣に、じぶんの研究室をもっていたので、この宇宙の法則を発見することになったのかも。

家族を大切にしろなんて、そんな道徳の教科書みたいな話は聞きたくないという人も少なからずいると思います。できれば、親の顔なんか一生見たくないと、本気で思っている人もいるでしょう。分かりますよ、その気持ち。

でもね、宇宙は家族を中心に回っているのですから、その中心軸がしっかりしていないと、万事うまくいかないのです。もちろん、NHKのホームドラマに出てくるような仲良し家族は、ざらにあるものではありません。

大きな欠点を抱えた者同士の集まりですから、腹が立つこともあると思います。

今日も朝から遊びほうけているドラ息子は、愛情という栄養が不足している症状。今夜も酔っぱらって帰ってきたクソオヤジは、親だから見せてくれる反面教師。その心の信号をお互いが理解し、許しあって、いい家族をつくっていくのです。そういう努力なしには、家族円満が手に入るわけはありません。

だって、いいことがぜんぶそこから始ると思えば、その努力を出し惜しみすることはありません。宇宙の中心は家族ですが、家族の中心はあなたなのですから、あなたがその気にさえなれば、きっとうまくいきます。

頑張って！

46 苦しんでいる仲間が無数にいます

わたしたちは、あまりにも自分のことで頭がいっぱいです。どうして自分はこんなに大変な人生を生きているのだろうと、そんなことばかり考えています。もっと楽をしたい。もっとたくさんお金をかせぎたい。テレビに出られるぐらい有名になりたい。大きな家を建てたい。素敵な人と結婚したい。海外留学をして学歴を高めたい。

あるいは、すでに恵まれた生活をしている人は、家を思いきりリフォームしたい、豪華客船で旅をしたい、健康管理を十全にして老後を自立して生きたい、などというのが、当面の願望となったりします。

もう、オカシラつきの「たい」ずくめの生活ですが、それもまたよし。自分の思うところが実現するように、精一杯努力してください。それが生き甲斐というものでしょう。

しかし、もう少し心に余裕ができれば、自分のこと以外にも目を向けてみませんか。とくに、日本の外に。

アジアだけでも、極端な貧困に苦しむ人は数千万人はいます。そして彼らも希望をもっています。ただ、われわれの「たい」とは異なって、彼らの「たい」は、一日一食でも食べたい、水を飲みたい、屋根のある家に住みたい、家族と一緒にいたい、地雷のない道を歩きたい、病院にかかりたい、文字を読めるようになりたい、というふうに、基本的なサバイバルにかかわる「たい」なのです。

凄まじい貧困の中で、幼い子供たちが次々と売り飛ばされています。彼らは知らない国に連れて行かれて、物乞い、物売り、報酬のない肉体労働を強いられています。やがては、売春や麻薬にも手を染めることになります。こういう現実をわたしたちは、もっと知るべきです。

食べたくても食べるものがない、病気でも治療が受けられない、自由になりたくても自由になれない人をつかまえて、あなたも幸せになる責任がある、などと偉そうにいう資格は誰にもありません。

恵まれた境遇に生かされている人間には、貧困に苦しむ人たちに助けの手を差し伸べる責任があると思います。みんな同じ地球人としての仲間です。また、そのような責任を果たしていくところにこそ、人間として最も満ち足りた生活があるようにも思います。

いかにめずらかな、いかに好ましいものも
私だけが知っているものならば
私をよろこばせることはないだろう。
富のいかなるものも友がなければ
楽しい所有ではない。
自分だけに眼を向けて生きる者、
すべてを自分の利益に振り向ける者が
しあわせに日々を送ることはできない。
もしきみのために生きたければ、
きみはきみ以外の人のために
生きる必要がある。（セネカ「ルキリウスへの手紙」）

わたしは単に貧困な国の国民にお金を寄付しようと呼びかけているわけではあり

ません。緊急にそういう援助も必要かもしれませんが、もっと根本的に、この地上から極端な貧困を消し去るための、知恵を集めたいのです。

　現在の経済システムでは、先進国の富裕層に富が集中するようにできています。地球上の限られた資源を経済価値に変えて、そこから派生した利潤が、人類社会のごく一部の人間の生活を潤すために使われています。

　わたし自身はそれほど豊かな暮らしをしているわけではありませんが、先進国の富裕層が、どのような生活をしているかは、ある程度、承知しているつもりです。

　アメリカでは、自分の家の敷地を徒歩では回り切れない人がたくさんいます。高級車の二、三台、別荘の二、三軒は当たりまえのことであり、べつにぜいたくという意識もありません。

　わたしと家内がアメリカで使用人となっていた家では、主人家族が毎週末、ボストンからメーン州の別荘まで、自家用飛行機で移動していました。

　競争社会では、自由競争の結果、ある程度、報酬に差が生じることは健全なことです。だからこそ、人類社会は進歩していくのだと思います。しかし現在のように、汗水垂らさずとも、パソコン上で金融操作をする人たちが、巨万の富をなすようなシステムが跋扈《ばっこ》しているのは、どう考えても異常です。

富の共同分配ができる経済システムは、不可能ではないはずです。共産主義、社会主義、資本主義と、人類は歴史上、さまざまな経済システムを実験してきましたが、どれも不完全きわまりないものです。

アメリカ型の民主主義と資本主義が最善のシステムと考えているのは、アメリカでもごく一部の人たちですが、これとても欠陥だらけであり、その影の部分では、すごい矛盾に苦しんでいる人が無数にいます。

豊かな国が一方的に貧しい国を助け、また貧しい国が豊かな国に一方的に依存するのではなく、経済格差のある国と国の間に、相互に物的および人的資源が流通することによって、さらに新たな富を生み出すような経済システムが生み出されなければいけません。

豊かな国の国民が、自分のぜいたくな欲望を叶えられないためにストレスを抱え込むのは、まちがっています。わたしたちは、もっと他者に目を向け、地球上の誰もが自分の求める幸福を実現できるよう、最低限の人間的環境を作っていかなくてはなりません。

47 日本をもっと楽しい国にしようよ

日本はその経済力や技術力、世界の貧困克服のために、大いに貢献できる数少ない国の一つです。海外派兵するほどの軍事力を持たなくても、国際社会における日本の存在感は、そういうところにあってほしいというのが、わたしの切なる願いです。

自分という個人にも仲間づくりが不可欠な時代に入りましたが、じつは日本という国も、仲間づくりを早急に始めなくてはなりません。日本の歴代政府は、アメリカ合衆国のみを仲間とみなしている気配がありますが、それではアジアの一員として失格です。

たしかに戦後日本の歴史はアメリカ抜きには考えられませんが、はたして仲間と呼べるほど強い絆で結ばれているのか、いささか疑問が残ります。

アメリカにしばらく暮らせばすぐに分かることですが、われわれが思っているほど、アメリカ人の意識に日本のことが上ることはありません。メディアでも日本関係の報道は限られており、しかもあまり積極的に評価する内容のものは、少ないといっていいでしょう。

ニューヨーク・タイムスにも、ときどき「日本特集」のような記事がでますが、いささか諷刺マンガめいていて、「どこか理解しがたい日本人」といった論調で書かれています。

たいへんホスピタリティー（もてなし）に富んだ国ですから、日本の首相でも訪米すれば大歓迎してくれますが、やはりアメリカがほんとうの仲間と思っているのは、イギリスです。そこには歴史的な経緯のみならず、アングロ・サクソンとしての人種的な一体感もあります。

日本の仲間といえば、やはりご近所の国々です。韓国、中国、台湾あたりと、もっと真剣に信頼のできる関係を築いていくべきです。靖国神社問題や教科書問題も、国としてさらに大切な目標があることを考えれば、日本が意固地になってこだわる事柄ではありません。

人類の歴史には、戦争のみならず、不測の危機が繰り返し起きています。そのような事態が発生したとき、一国では持ちこたえることができません。危機がやってきてから仲間捜しをしても、手遅れなのです。

ＳＡＲＳ（重症急性呼吸器症候群）のようなウイルスの攻撃には、国境も人種も無意味になります。そのような問題に対処していくには、やはり仲間の協力がどうしても必要です。われわれは近代史において犯した罪を真摯に反省し、未来に向けて、アジアの中でもっと積極的な役割を果たしていくべきだと思います。日本が貢献できるのは、経済面だけではないはずです。

国家にはっきりとした使命感がないかぎり、国民が気概をもつことはありません。いちばん感受性の鋭い若者たちが元気になるためにも、日本が自利から利他の精神で動く、成熟した国へと大きく方向転換していくべきだと思います。

利他といえば、日本はすでに世界最大規模のＯＤＡ（世界開発援助資金）を拠出しているのですが、ほんとうに困っている国々のためにすべきことをしているかといえば、疑問点が多いといわざるを得ません。いわゆる小切手外交ではなく、現地の住民のこころに響いていくような援助の仕方があるはずです。

それに、日本人が日本をもっと好きになることは、自分が自分をもっと好きになるのと同じぐらい大切なことです。「自分の国を愛す」などといえば、すぐに国家主義者のレッテルを張られてしまいそうな風潮がありますが、それはおかしいと思います。

たしかに日本という国を客観的に見れば、政治、経済、教育、環境などの面で、国民が憂慮すべきことは、山ほどあります。

しかし、だからといって、日本を嫌いになってはいけないと思います。ここは、わたしたちが生まれながらに暮らしている国なのです。どれだけ手厳しい批判を加えたとしても、自分の国を愛するという基本的な気持ちは忘れてはいけないと思います。

わたしの家内は最近、十九年ぶりに日本での暮らしを始めました。わたしと一緒にアメリカに渡り、そこで十四年暮らし、その後、シンガポールで五年過ごしました。その間、わたしが一足先に日本に戻ってしまいましたので、最初に日本脱出を決めた当人のわたしよりも長く海外に暮らしていたことになります。

もともと英語嫌い、外国嫌いだった彼女が、そんなに長い歳月を海外で過ごすことになったのも、人生のいたずらというか、運命の不思議を感じます。

その彼女が帰国して、しきりと日本に感動しています。これほど安全で便利、しかも美しい国はない。なのに、どうして日本の国民は、まずそれを感謝しないのか分からないと言っています。

食文化においては、もう世界一です。これほど豊かな食材が簡単に手に入る国は、どこにもありません。これは、主婦としての実感だと思います。それにレストランに行けば、フランスで食べるよりもおいしいフランス料理、中国で食べるよりおいしい中国料理がいただけます。

春の桜、緑深い山々、目に染みる紅葉、白銀の世界、こんなにも美しい四季をもつ日本にいるわたしたちは、それだけで幸せじゃありませんか。一年中、砂漠の中で、あるいは氷原の中で、大自然の猛威と闘って生きる必要もありません。日本中どこを歩いても、まちがって地雷を踏む心配もありません。

そんな自然の美に触れるために出かけたければ、長い渋滞と高い料金が煩わしいものの、高速道路網が津々浦々まで張り巡らされています。時速三百キロ近くで走る電車が、一時間に何本も一分の遅れもなく主要都市を結んでいるというのは、大半の国の人々にとっては、SF小説か夢物語のような話です。

戦後日本人は、さまざまな面で恵まれすぎて、自分たちの国のありがたさを忘れてしまっています。だから、平気で何百年もたった老木を切り倒したり、まっさらな川や海の水を汚染してしまっているのです。

自然を汚すことは、自分の心と体を汚すことにほかならないのです。日本を良くしようと思えば、自分の国をやたらと批判することよりも、それを心から愛することから始めなければいけません。

都市の景観や自然環境の保護など、これからますます拍車をかけて取り組むべき課題があります。電線の地下埋設なども、一刻も早く進めてほしいものです。自分たちの生活空間が、単に便利というだけでなく、暮らしていて気持ちのいいものになるようにするのが、真の文化だと思います。

これだけ美的感覚の優れた国民なのですから、知恵を集めて、世界中の人々が日本を一度は訪れてみたいと思うような、美しくて楽しい国にしませんか。きっと今からでも遅くないはずです。

48 地球が大好きなんです

この本も、いよいよ最後になりました。最後だから、どうしても伝えておきたいメッセージを書かせてください。

それは、わたしたちが地球と同じ〈いのち〉を生きているということです。つまり、わたしの体と地球の体が、一つに繋がっているということです。

わたしが元気で、楽しく生きているとき、地球もまた、生き生きと喜んでいるのです。わたしが病気になったり、こころ暮れたりしているときは、地球もまた、そうなんです。

ということは、自分を好きになってあげた分だけ、地球をも好きになってあげていることになります。そんな大切な自分を悪く言ったり、いじめたりするのは、とんでもない地球への侮辱ともいえます。

ましてや自殺なんて、もってのほかです。自分の体を破壊することは、地球破壊にも匹敵する罪です。日本人は、毎年三万個以上の地球を破壊してるんです。

もうそんな馬鹿げたことは、今日かぎり止めませんか。あなたの苦しみは、地球の苦しみです。しばらく辛抱すれば、あなたの分身である地球がその苦しみを吸い取ってくれます。焦らないで、自分をいたわってあげてください。

もう一度いいますが、地球をゴミや有毒物質で汚すことは、自分のこころと体を汚染しているのと同じです。これだけ文明が発達したにもかかわらず、人間がこんなに深い苦悩の世界に踏み込んでしまったのも、ひとつは人類が地球のこころを踏みにじるような生き方をしてきたことに原因があると思います。

人間の都合によいことばかり追い求めていては、もう駄目なのです。人間も動物も植物も、そしてこの大地も、みんなが幸せに生きていけるようなライフスタイルを選択しなくてはなりません。でなければ、地球も自殺の道を選んでしまうかもしれません。

同じ〈いのち〉を分かち合っている地球の住民が、人種や国籍がちがうだけで殺しあうことには、なんの意味もありません。戦場で流れる血と涙は、地球が流す血と涙です。

ありもしない幻想にとりつかれて、相手の立場を否定するのは、誰にも許されない暴力です。あまりにもわれわれが愚かなことを繰り返すので、地球の息づかいが荒くなってきました。そのうちに、大きな戒めがあるかもしれません。

人間には、相当な自由が与えられています。神さまは、われわれのすることに、いちいち口を挟みません。だけども、その自由に乗じて、自分たちの欲望を拡大していけば、その先に何が待ち受けているのか。神の領域を侵そうとしたバベルの塔は、ガラガラと崩壊しました。

近代文明は、同時にいくつものバベルの塔を建設してきましたが、その愚かさに気づいて、われわれ人間は、この地球をいたわりながら、お互いにもっと仲良くして生きることを学ばなくてはなりません。

さあ、この本を閉じる前に、大きな声で叫んでみませんか。

地球が好き、日本が好き、家族が好き、そしてＩ　ＬＯＶＥ　ＭＥ！

あとがき

この本は、わたしの失敗体験に基づいて書かれています。失敗談を人に聞かせて何になるかと思われる読者もおられるでしょうけれども、失敗談こそがわたしの財産なのです。

もちろん、いくら厚顔のわたしでも、まさに失敗と挫折の繰り返しともいえる自分の人生を振り返って、悔悟の念がないわけではありません。もし、時間を後戻りさせることができるのなら、ああしておけば良かった、こうしておけば良かったという思い出は、いくつもあります。というよりも、そういう思い出しかないと言ったほうが、正確でしょう。

しかし、それ以上に感じているのは、それだけ失敗と挫折を繰り返してきたにもかかわらず、今日も幸せに、ありがたく生かされている自分の姿なのです。

もしも、この本を手にされた方の中で、わたしと同様に、あるいはわたし以上に、自分の人生が失敗と挫折の連続だと感じておられる人がいるとすれば、その人こそ、わたしの友だちです。失敗と挫折に満ち満ちた人生でなくて、なんの人生ぞ、という心意気が大切です。

人生は、最後まで生きてみなくては、いったい何があるか分かりません。どうせダメな人生だなんて、まちがっても自分で決めつけないことです。投げやりになるのは、卑怯です。刀折れ、矢尽きても、最後の瞬間まで生きようとすべきだと思います。

「自分はきっと幸せになるんだ」という希望を最後の瞬間まで抱き続けて生きるところに、ほんとうの勇気があるように思います。滑っても転んでも、そこまでしぶとく生きれば、地獄の閻魔さまも根負けして、無罪放免してくれると思います。

本文の中にも書きましたが、他人に対するプライドでなく、自分に対して自信をもってください。本物の幸せをもたらしてくれるのは、ジシン！

最近、わたしが心掛けているのは、魂の仲間づくりです。そこで、「風の集い」という定期座談会を開くことにしました。偶数月の第二日曜日に、東京で開いていますが、関心がある人は、わたしのホームページ（www. tufs. ac. jp/ts/personal/soho/）を御覧ください。

魂の仲間とは、損得なしの、気持ちの良い関係が持続する友だちのことです。この本を通じて、魂の輪が広がっていけば、素晴らしいだろうなと思っています。

できたら、この本は寝っ転がって読んでください。そのうちに寝てしまったら、しめたものです。それは、わたしのメッセージが、あなたの魂の中まで染み込んだ証拠です。

本書は、わたしが学者としてではなく、一人の迷える人間として、自分の心に湧き上がる思いを、そのままに書きとめたものです。その際、わたしの大切な親友の一人である岡野辰美さんから、女性的な感性で、貴重なアドバイスを受けることができました。ここに感謝の意を表したく思います。

●参考文献

「コレクション〈智慧の手帖〉」シリーズ（紀伊國屋書店）
「いつか君に　ダウン症児・愛と死の記録」（三一書房）
「だから、あなたも生きぬいて」大平光代（講談社）
「しがまっこ溶けた」金正美（NHK出版）
「鈴の鳴る道」星野富弘（偕成社）
「シンギラ　ミンギ」徳永瑞子（サンパウロ）
「生き方の美学」中野孝次（文春新書）

町田宗鳳（まちだ・そうほう）

魂の仲間づくりをめざす「風の集い」代表
1950年京都生まれ。14歳で出家、以来20年間、京都の臨済宗大徳寺で修行。34歳のとき寺を離れ、渡米。のちハーバード大学神学部で神学修士号およびペンシルバニア大学東洋学部で博士号取得。プリンストン大学東洋学部助教授、国立シンガポール大学日本研究学科准教授を経て、2000年に16年ぶりの帰国。

現在、東京外国語大学教授。研究分野は比較宗教学、比較文明論、生命倫理学。非常勤：聖心女子大学、東京医科歯科大学、国際教養大学、国連大学など。

著書に『なぜ宗教は平和を妨げるのか』（講談社＋α新書）、『「野性」の哲学』（ちくま新書）、『〈狂い〉と信仰』（ＰＨＰ新書）ほか多数。

町田宗鳳ホームページ　www.tufs.ac.jp/ts/personal/soho/

日本音楽著作権協会（出）許諾第0412703－401

ドクター・マッチーの　I LOVE ME

平成16年10月16日　初版　第1刷発行

著　者　町田宗鳳
発行者　日高裕明
発　行　株式会社ハート出版

ハート出版ホームページ
http://www.810.co.jp

〒171-0014
東京都豊島区池袋3-9-23
TEL.03-3590-6077
FAX.03-3590-6078

定価はカバーに表示してあります

印刷・製本／図書印刷

ISBN4-89295-501-9 C0011